本书由2018年度河南省软科学研究计划项目“河南省科技型中小企业专利权质押贷款融资研究”（项目编号：182400410645）资助

弱专利有效性下的银行质押贷款问题研究

苏丽丽　著

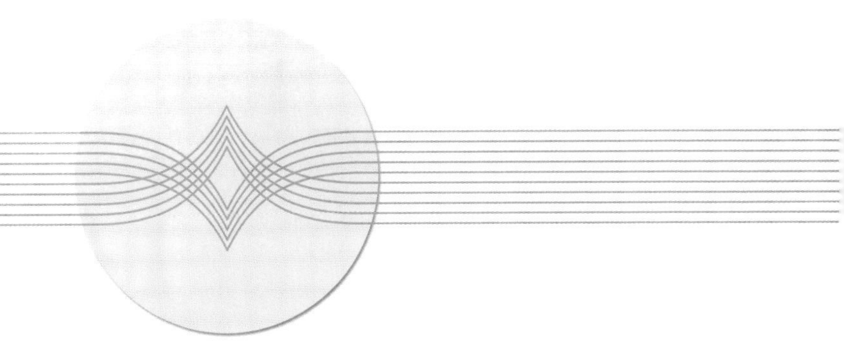

中国社会科学出版社

图书在版编目（CIP）数据

弱专利有效性下的银行质押贷款问题研究/苏丽丽著. —北京：中国社会科学出版社，2018.5

ISBN 978-7-5203-0343-9

Ⅰ.①弱… Ⅱ.①苏… Ⅲ.①中小企业—专利—抵押贷款—研究—中国 Ⅳ.①F832.4

中国版本图书馆CIP数据核字(2017)第099042号

出版人 赵剑英
责任编辑 李庆红
责任校对 夏慧萍
责任印制 王 超

出 版 中国社会科学出版社
社 址 北京鼓楼西大街甲158号
邮 编 100720
网 址 http://www.csspw.cn
发行部 010-84083685
门市部 010-84029450
经 销 新华书店及其他书店

印 刷 北京明恒达印务有限公司
装 订 廊坊市广阳区广增装订厂
版 次 2018年5月第1版
印 次 2018年5月第1次印刷

开 本 710×1000 1/16
印 张 10.5
插 页 2
字 数 151千字
定 价 46.00元

目　　录

第一章　绪论

第一节　研究背景、目的与意义

一　研究背景

科技创新的迅猛发展带来了知识产权的繁荣，与知识产权相关的交易和服务发展迅速，成为现代服务业的重要组成部分。近年来，知识产权的价值实现正在从无形资产发展为新的金融工具，由此衍生出新的知识产权交易方式。以专利权为代表的知识产权质押作为一种新的贷款融资手段，打破了传统实物资产抵押贷款的方式，为中小企业提供了新的融资途径。1992 年，道氏化学公司首次以知识产权作为质押获得贷款，开启了企业知识产权融资的先河。

以专利资产为代表的知识资本是当今知识经济时代一国经济发展的重要推动力和构建企业核心竞争力不可或缺的重要因素之一。我国在《国家知识产权战略纲要》等政策的推动下，专利申请总量一直呈现平稳快速增长态势，根据国家知识产权局的统计，1986 年我国的专利申请量是 9411 件，到了 2011 年迅速增加到 1633347 件，我国专利技术市场孕育着相当大的发展应用空间。以专利为代表的无形资产在公司资产负债表中所占的比重越来越大，为此我国 2006 年 1 月正式实施的新《公司法》对旧《公司法》中无形资产占公司股份比例不超过 30% 修改为可达到 70%；2006 年的新《企业会计准则》也做出了重大修改，使企业在知识产权创造上付出所产生的成果能够在当期公司财务报表上得以体现，成为公司无形资产的一部分。

但是专利技术的价值实现仍然需要大量的后续开发投资，比如技术的产品化和商业化开发。但是因为市场需求等多方面的不确定性和潜在的竞争关系，创新技术能带来的价值仍不明确，使得中小企业要从外部获得必需的投资变得困难。因此，很多创新企业陷入大量投资资金需求和难以找到融资的困境中。由于我国的金融市场还不太完善以及受到一些制度上的限制，股权融资和债务融资所占的比重很小，大部分企业的外部融资渠道仍然以银行贷款为主。但是中小企业由于其规模较小、经营风险较大以及缺乏高价值的有形资产作为抵押物，从银行获得贷款非常困难。中国工业和信息化部统计的数据表明，我国约66%的专利发明、74%的技术创新、82%的新产品开发都是由中小企业完成的；中小企业创造的最终产品和服务价值占我国国内生产总值的比重超过50%，然而仅占主要金融机构贷款的16%。身为我国自主创新的主力军、国民经济和社会发展的重要组成部分的中小企业虽然拥有先进的专利技术，但因缺乏资金、借贷无门而无法对专利技术进行商业化开发，痛失投资机会，严重阻碍了企业的发展，这一困局是我国经济发展中亟待解决的问题。

事实上我国商业银行可供贷款的储蓄资金是充足的，很多科技型中小企业拥有先进的专利技术，并且这些专利技术蕴藏着较大的市场价值，目前是需要一种既符合科技型中小企业的特点，同时又能够打通商业银行与企业之间融资渠道的机制，专利质押贷款这种以“知识换资本”的新兴融资手段便应运而生。根据相关法律法规的条款，专利权质押贷款，也即专利质押贷款，指专利权人将其依法可以转让的专利权设立为质押，向银行取得有担保的债权，在其无法如约履行债务时，银行可以依法就该专利质押物的价值优先受偿。

专利质押贷款这种新生的融资方式的正常运行需要一系列相应的法规和制度来保障，《担保法》和1996年国家知识产权局颁布的《专利权质押合同登记管理办法》是两部最重要的基本法律。同时为了鼓励商业银行积极地开展专利质押贷款业务来解决我国中小企业（特别是科技型中小企业）有技术无资金的困境，我国还陆续制定了其他一系列国家法律法规和行业法规：

（1）2005 年，国务院发布了《国家中长期科学和技术发展规划纲要（2006—2020）》（以下简称《纲要》）。《纲要》明确提出，要引导和支持国家政策银行、商业银行、担保公司向高新技术企业、中小企业开展贷款及知识产权质押贷款业务，如第十七条规定："……探索创立多种担保方式，弥补中小企业担保抵押物不足的问题。政策性银行、商业银行和其他金融机构开展知识产权权利质押业务试点"。

（2）2006 年 12 月 28 日，银监会颁布《关于商业银行改善和加强对高新技术企业金融服务的指导意见》（银监发〔2006〕94 号），其中第十条要求："商业银行对高新技术企业授信，应当探索和开展多种形式的担保方式，如出口退税、股票质押、股权质押、债券质押、仓单质押和其他权益抵（质）押等。对拥有自主知识产权并经国家有关部门评估的高新技术企业，还可以试办知识产权质押贷款"。

（3）2007 年，国家知识产权局颁布新的《专利权质押合同管理办法》。2007 年 11 月，《专利资产评估指导意见（征求意见稿）》颁布，对专利、商标、版权和计算机软件的资产评估给出了指导意见，初步形成了比较完善的知识产权评估体系。同年出台的《物权法》的一些条款也对知识产权抵押贷款担保作了规定。

（4）2008 年 6 月 10 日，国务院颁布了《国家知识产权战略纲要》，明确指出推动企业成为知识产权创造和运用的主体，促进自主创新成果的知识产权化、商品化、产业化，引导企业采取知识产权转让、许可、质押等方式实现知识产权的市场价值；充分发挥技术市场的作用，构建信息充分、交易活跃、秩序良好的知识产权交易体系，简化交易程序，降低交易成本。

（5）2009 年 9 月，国务院印发了《国务院关于进一步促进中小企业发展的若干意见》指出，中小企业是我国国民经济和社会发展的重要力量，促进其发展是关系民生和社会稳定的重大战略任务，但中小企业“融资难、担保难”问题依然严峻。要全面落实支持中小企业发展的金融政策，鼓励建立中小企业贷款风险补偿基金；国有商业银行和股份制银行要逐步提高中小企业中长期贷款的规模和比重，创新金融产品和服务方式，完善财产抵押制度和贷款抵押物认定办法，采取动产、应收账款、仓单、股权和知识产权质押等方式，缓解中小企业贷款抵（质）押不足的矛盾。

（6）2010 年 8 月 12 日，为了使《国家知识产权战略纲要》和《国务院关于进一步促进中小企业发展的若干意见》能够更好地贯彻落实，推进知识产权质押融资工作，完善知识产权质押评估管理体系，财政部、工业和信息化部、银监会、国家知识产权局、国家工商行政管理总局、国家版权局六部门联合印发了《关于加强知识产权质押融资与评估管理支持中小企业发展的通知》（以下简称《通知》），这是关于知识产权质押融资相关问题最具指导性的文件。《通知》要求各地区积极探索知识产权质押融资工作的新模式、新方法，指导和支持金融机构开展多种模式的知识产权质押融资业务；各地银监部门要严格授信额度管理，建立知识产权质押物价值动态评估机制，落实风险防控措施，引导企业开展同业担保业务，构建知识产权质押融资多层次风险分担机制；完善知识产权质押融资评估管理体系；建立有利于知识产权流转的管理机制，加快推进知识产权交易市场的建设，并且积极地探索知识产权许可、拍卖、出资入股等多元化价值实现形式。

专利质押贷款融资制度在欧美等发达资本主义国家有 50 多年的历史，在我国则处于探索起步阶段。自 1996 年我国知识产权局颁布《专利权质押合同登记管理暂行办法》以来，我国专利质押贷款的具体统计数据见表 1－1 和表 1－2。

表 1－1　　各年度企业专利质押贷款分布情况　　单位：件

年份	1996	1997	1998	1999	2000	2001	2002	2003	2004	2005	2006	合计
贷款企业数	1	7	12	10	15	21	26	60	43	66	62	323

表 1－2　截至 2006 年金融机构专利质押贷款业务情况统计表

单位：万元

	国家开发银行	中国农业发展银行	中国工商银行	中国农业银行	中国银行	中国建设银行	交通银行	深圳发展银行	广东发展银行
贷款项目数	8	4	17	27	5	5	10	4	2
债务金额	12800	10590	20324	44838	14460	5348	5225	4050	5000
质押金额	101010	10880	19268	65852	14943	10007	9602	5164	5000

	华夏银行	光大银行	兴业银行	浦发银行	商业银行	担保银行	信托投资公司	信用社	政府	其他
贷款项目数	4	4	3	7	19	134	15	15	5	36
债务金额	20950	6350	1800	16555	11877	70073	20368	13968	4430	77703
质押金额	20950	6350	1800	18304	13833	77001	24675	26149	2430	82687

注：“其他”包括住房储蓄银行、典当行、公司实体、开发区委员会、个人等。

资料来源：卢志英：《专利权质押融资现状分析》，《中国发明与专利》，2007 年第 6 期，第 45—47 页。

从上述统计数据可以看出，1996—2006 年，通过专利质押融资获得贷款的企业非常少，每年只有几十家。十几年来各大银行的专利质押贷款项目都不超过 20 个，在登记的 323 份专利质押贷款合同中，银行贷款的只占 36.7%，而有担保公司担保的达到 41.3%。2006 年 12 月国家开展了知识产权质押登记试点工作，2007 年的专利质押登记数量有小幅度增长，达到 74 件，效果仍然不是很明显。自 2008 年以来，随着我国政府一系列大力发展知识产权战略措施和扶持政策的出台，以及政府的风险补偿政策（即本金补偿和贷款贴息）的实施，专利质押贷款的发展势头非常迅猛，2008 年的专利质押登记数量为 93 份，2009 年首次突破 100 份达到 168 份，增长了 81%；2010 年专利质押贷款进入突飞猛进的增长时期，达到 362 份，几乎是 2008 年的 4 倍，2009 年的两倍之多，超出了从 1996—2006 年的总数。从贷款金额来看，2010 年专利权质押金额（只涉及国内的出质人）总计为 70.32 亿元人民币，相比 2009 年的 40.09 亿元人民币增幅达 75.4%。2007 年以前，专利质押贷款合同上亿元的总共才有5笔，而在2010年就达到了15笔。另外，全国已经建立了12个知识产权质押融资试点，12个国家级专利技术展示交易中心，15个国家级专利产业化试点基地以及75家专利工作交流站。从这些数据可以看出，我国专利质押贷款的增长速度非常快，前景也越来越好。但是相对于我国每年上百万件的专利授权总量来说仍然是杯水车薪，与中小企业的资金缺口存在较大差距。

目前，我国的专利质押贷款业务还很不成熟，仍然处于探索性的实验阶段，从表1-2可以看出，不管是政策性银行还是国有商业银行和股份制银行，虽然都涉足该业务，但对专利质押贷款都持比较谨慎的态度。例如，交通银行规定，商标专用权的贷款额度不能超过其评估价值的50%，发明专利的贷款额度不能超过其评估价值的25%，而实用新型专利权的贷款额度不能超过其评估价值的15%。相对于以房屋等有形资产为担保的贷款而言，具有无形资产特征的专利权担保贷款仍然存在以下一些问题。一是专利作为无形资产的独特性，“看不见，摸不着”，专业性较强；专利价值评估难并且缺乏统一的标准，不确定性较大；专利存在诉讼风险，在同银行签订质押贷款合同前，专利的有效性并不能完全被确定下来；并且我国的知识产权交易市场并不活跃和成熟，专利权处置难、流动性较差。二是政府为提高银行开展专利质押贷款的积极性而推出的本金补偿和贷款贴息政策的有效性并不十分理想，激励作用有限。三是银行缺乏积极的违约管理措施，仅仅是被动地执行丧失抵押品赎回权（foreclosure）作为对违约的借款企业的唯一处理方式。四是借款企业的风险类型是属于企业的私人信息，银行一般是无法知道的，这种信息不对称在现实中比较普遍，贷款人与银行之间的这种信息非对称在中小企业的技术融资中表现得更为突出，导致信贷配给问题比较严重。五是现行的专利质押贷款业务缺乏金融创新，模式比较单一。

在这样的背景下，本书针对专利质押贷款融资以及存在的难点问题进行深入探讨和分析，实现为中小企业（尤其是科技型中小企业）打通新的融资渠道，有效缓解其融资难困境的目的。

二　研究目的及意义

虽然专利质押贷款的前景很好，是打通银行与科技型中小企业之间融资渠道的有效方式，并且国家和政府也陆续出台一系列的方针和政策来促进这种新型的融资方法的发展，但是在实践中，银行开展专利质押贷款业务的积极性并不是很高。在理论层面上，这方面的研究成果也非常少。因此，对专利质押贷款进行全面深入的研究不仅具有重要的理论意义，也具有很强的现实意义。

具体而言，本书的研究具有如下意义：

（1）理论意义：不论是在理论研究层面还是实证研究层面，国内外针对专利质押贷款的研究文献非常有限，尚未形成完整的理论体系。在我国相关的研究也仅仅是从法律和制度的角度对专利质押贷款的必要性、可行性、存在的问题和风险等作了一些定性的描述和探讨。对专利价值和专利项目价值的评估是银行等金融机构开展专利质押贷款业务相关决策的基础和前提，如何合理地评估它们的价值，以及各种不确定因素对价值有何影响（尤其是专利诉讼风险的存在）？在专利质押贷款合同中嵌套了哪些期权，对质押贷款的价值有何影响？政府为促进专利质押贷款业务发展而采取的损失补偿政策（本金补偿和贷款贴息）是否行之有效？质押贷款合同的设计能否有效地解决银行和中小企业之间严重的信息不对称而产生的逆向选择问题？怎样进行专利质押贷款的金融创新？国内相关学者很少有人从经济学的角度定量地来分析这些问题，大量的微观研究问题还是空白。本书主要是基于实物期权和博弈论的分析方法来研究解决这些问题，丰富理论研究的发展，对专利质押贷款融资方式的迅速发展有一定的理论意义。

（2）现实意义：在知识经济快速发展的时代，身为我国自主创新的主力军、国民经济和社会发展的重要组成部分的中小企业虽然拥有先进的专利技术，但因缺乏资金、借贷无门而无法对专利技术进行商业化开发，痛失投资机会。专利质押贷款这种以“知识换资本”的新兴融资手段，是解决科技型中小企业有技术无资金的困境的有效措施，不仅使得正处在创新发展起点的科技型中小企业先进的核心专利技术能够发挥出应有的价值，为其带来可观的经济收入，形成垄断利润，在激烈的商业竞争中独占鳌头；也为商业银行带来新的利润增长点，优化其资本运作效率；并且对我国创新金融制度、推进知识产权战略和转变经济发展方式也具有非常重要的现实意义。

第二节 国内外研究现状与分析

专利价值评估是开展专利质押融资的基础和前提，近些年来，关于专利价值评估的理论研究比较丰富。但是专利质押贷款作为一种新兴的融资方式的创新，对这方面的研究文献非常有限，所以我们主要是借鉴质押贷款以及住房抵押贷款方面的理论和方法。因此，我们主要从以下三个方面进行文献综述：①专利价值评估；②质押贷款和住房抵押贷款；③专利质押贷款。

一 专利价值评估的研究现状分析

对专利价值和专利项目价值的评估是银行等金融机构开展专利质押贷款业务相关决策的基础和前提。

在我国财政部制定的《资产评估准则——无形资产》中规定，无形资产的评估方法主要有成本法、市场法和收益法。专利属于无形资产的一部分，专利价值评估的传统方法主要包括这三种。成本法是将专利重置成本减去累计摊销来作为专利价值评估的一种方法。但是这种方法忽略了专利的专有权所带来的垄断利润和潜在的增值利润往往远远超出其商业化开发的成本，因此这种方法总是低估专利价值。市场法条件比较苛刻，必须具备一定的条件：一是需要一个成熟和完善的技术交易市场，二是与被评估专利类似的已经在技术交易市场上出售或许可的专利资产的价格、各项参数等可比较指标的资料是可以获得的。Parr 和 Smith 认为使用市场法来评估专利的价值是行不通的。一方面是因为缺乏活跃的技术交易市场环境；另一方面由于专利无形资产的特性，很难在技术交易市场上找到类似的专利技术。收益法是将专利剩余有效期内预期可获得的利润流进行贴现来确定专利的价值，它忽视了未来的高不确定性的影响。Pitkethly 认为使用收益法评估专利价值有以下不足：贴现率的不确定性、专利技术寿命的不确定性以及未来收益的不确定性。因此，三种传统的无形资产评估方法并不适用于高不确定性和高风险性的专利价值的评估。

20 世纪后期，实物期权的价值评估方法（Real Options Valuation，ROV）被广泛应用于多不确定性项目的投资评价中。麻省理工学院 Myers 首先提出可以将研究开发项目中的投资机会看成是成长期权（growth option），它提供了一种考虑不确定性的影响和未来投资机会的选择权，是一种更为科学和准确的价值评估方法。而商业化专利项目也明显地具有实物期权的特征：投资具有不可逆的性质；未来市场需求、投资成本、可替代性技术、专利诉讼风险等多种不确定因素的存在导致商业化专利投资项目未来回报的不确定性；但是不确定性蕴含着投资机会的价值，诸如新市场开拓、新产品开发等或有决策和其他投资时机的选择是灵活的并且是一个动态变化的过程，投资者可以发挥主观能动性，最大限度地抓住不确定性产生的投资机会价值。

Lint 和 Penning 以飞利浦（Philips）电子产品开发为对象作案例研究，考虑市场需求的不确定性，利用实物期权方法给出了新产品开发项目的价值评估和投资决策规则。Loch. CH 和 Bode – Grenel 把医药研发项目看作增长期权，给出了该项目的价值。Santiago 和 Vakili 考虑了市场需求的不确定性、技术的不确定性和市场收益不确定性，利用简单的多阶段决策模型，给出了这三种不确定性对 R&D 项目价值和管理柔性价值的不同影响。Eschenbach、Lewis 和 Hartman 指出在现有文献中因不确定性而推迟投资工程项目，利用实物期权评估推迟期权的价值是合理的，但因推迟而造成的现金流的损失必须考虑推迟的成本，给出了实物期权的等待成本模型，强调了在实物期权分析中确定最优投资时间是最重要的关键问题之一，他们研究了实物期权投资时间的估计问题。Han 和 Chan 给出了 R&D

项目的评估模型并设计了 R&D 的激励机制。国内这方面的文献主要有刘晓宏利用实物期权的定价模型度量了多阶段投资策略所带来的价值，并讨论了分阶段投资所产生的效应。薛明皋和龚朴在有专利保护的情况下把 R&D 项目投资机会做成复合期权模型，给出了 R&D 期权价值的解析评价公式和最优投资决策规则。薛明皋和苏丽丽研究风险溢价、不确定性和专利投资的多阶段性三者之间的关系，揭示投资决策理论的内在机理。张夕勇和丁慧平针对汽车项目投资的不确定性及多阶段的特点，运用二叉树决策方法建立了多阶段的序列投资评价模型，并应用实物期权理论对序列投资中各阶段可能创造的价值进行分析上面的研究都考虑了多种不确定性的影响，强调了实物期权方法比净现值法（NPV）更合理。

商业化专利项目明显地具有实物期权的特征，因而实物期权方法被认为是专利价值评估中最为科学和合理的方法。Schwartz ES 考虑了 R&D 的多阶段性和专利长度，给出了专利研发项目的期权价值。Ziedonis 利用实证分析研究了在多个技术不确定性下，专利技术许可合同中的期权价值。Pakes 利用专利维持成本对专利价值进行评估，这种方法虽然简单，但是作为一种事后评估方法无法对新申请的专利进行评估。Philipp N. Baecker 利用实物期权方法对专利价值进行评估，并且分析了各种不确定性因素对专利价值的影响，证明了越接近专利到期日，专利价值越小。Eldor、Takalo 和 Kanniainen 等研究了商业化专利项目中所蕴含的各种期权，包括放弃、转换、扩展以及延迟期权，可以归结为两类：商业化专利项目时的看涨期权和放弃商业化专利项目时的看跌期权，并且这两类期权存在如下关系：看涨期权价值 + 期权执行价值现值 = 看跌期权价值 + 标的资产。使用实物期权方法，可以捕捉到不确定性因素对专利价值的影响，以及随着时间和项目的发展变化，专利的价值也是在动态发生变化的，而忽略这些不确定性和时机选择权，会产生很大损失。

但是，上述关于专利价值的研究都忽略了专利作为无形资产所特有的诉讼风险。在现实中，随着专利数量的大规模增多，相关的起诉和纠纷也随之剧增，我国专利侵权量从1986年的347件增加到2009年的30509件。美国专利和商标局（PTO）每个月大概批准15000件专利申请，每件专利申请的平均审查时间只有15—20小时。由于知识产权局或PTO每年都要受理很多件专利申请，受到信息和成本的限制，它不可能对每一件专利申请都进行彻底详细的审查。所以专利的有效性并不能被完全确定下来。我们把这种存在诉讼风险的不确定性专利称为弱专利。Lemley指出即使增加投入加强对专利的审查力度，随着每年专利授权数量的大规模递增，仍无法避免大量诉讼的发生。Farrell和Shapiro、Minggao和Lili指出已经申请专利的技术，以后难免不会发生诉讼而被判无效，使得弱专利的最优许可合同和许可收益价值和确定性专利（专利的有效性在许可前已经确定下来）会有很大的不同。Marco. AC考虑专利长度，给出了具有专利诉讼风险的专利期权价值，并且从实证研究的角度分析了专利所特有的属性对执行诉讼决策和专利价值的影响。Erutu和Richelle利用博弈论研究了专利技术的最优许可合同并给出了专利的价值。Baecker分别用跳扩散模型和内生化的诉讼期权来反映专利诉讼风险，给出了相应的商业化专利项目的价值和弱专利的价值。

在国内，实物期权方法也逐渐被运用到专利价值的评估中。这方面的研究主要有杨春鹏和伍海华，王雪冬，马忠明和易江，范银华和栗娟，于乃书，刘兆波和张屹山，黄生权，刘志刚和银路，陈华和万建平，马忠明和刘康泽，刘军和龙韬，贺武和刘平，薛明皋和龚朴以及寇宗来等。同样地，上述关于专利价值的研究都忽略了专利作为无形资产所特有的诉讼风险。杨春鹏和伍海华指出专利期权不同于金融市场中的股票看涨期权，简单套用Black - Scholes公式来评估专利价值很难适用，可以适用期权选择权来优化投资决策。吴小林也指出，专利作为一种无形资产具有其特殊性，一味套用经济学方面的估值公式很不合理，他给出了评估专利价值时需要考虑的法律因素。

综上所述，本书将会考虑专利作为无形资产所特有的诉讼风险（即弱专利），采用实物期权方法来评估商业化专利项目价值和专利价值，作为专利质押贷款分析模型的基础。

二 质押贷款和住房抵押贷款期权定价的研究现状分析

1. 基于博弈论分析方法的质押贷款研究

由于信贷市场中普遍存在着信息不对称问题，在贷款合同中，银行等金融机构要求借款企业提供质押来降低自身风险已经是一种非常普遍的现象。最近几十年随着质押贷款融资的重要性日益凸显，质押与信贷配给、逆向选择以及道德风险等问题一直是债务理论研究中学者们关注的重点。

目前，大量的经济学家都在基于博弈论的分析方法下对引入质押机制的银行的信贷配给问题进行了深入的分析，一般认为，逆向选择（在贷款合同签订之前产生）和道德风险（在贷款合同签订之后产生）是信贷配给产生的基础。早期对这一问题进行研究的学者主要有 Jaffee 和 Russell、Stiglitz 和 Weiss 等。Jaffee 和 Russell 的研究认为，由于借款人的风险水平是私人信息，贷款人事先是无法知道的，低风险类型的借款人更偏好于选择较低的、能使其效用达到最大化的利率，但在这样的利率水平上会产生信贷配给的可能。Stiglitz 和 Weiss 的模型（简称 S－W 模型）是不对称信息下的贷款市场中信贷配给问题的最具开创性意义的研究，指出利率通过两种效应影响借款人：其一是利率对借款人的风险程度有影响，即因逆向选择效应，贷款利率的增加会使得高风险类型的借款人驱逐出低风险类型的借款人；其二是利率对借款人行为的影响，即因道德风险效应，利率的降低会促使借款人投资于对贷款人不利的高风险类型的项目。结果，即使贷款市场中存在超额借款需求，贷款利率增加并不一定使贷款人利润增加，信贷配给就不可避免地产生了。但是，这些研究都忽视了质押产生的效应。Bester 的研究指出将利率和抵押品同时结合起来发挥信号筛选作用来产生分离均衡，那么就会避免信贷配给。Lensink 和 Sterken 在 S－W 模型中借款企业进行投资和放弃投资两种选择的基础上增加了等待投资的选择，他们指出，在不确定情况下，如果等待能够使借款企业得到更多的关于投资项目的信息，那么高风险类型的借款企业就可以从等待中得到更多的利润，这样，利率的增加只会使高风险类型的借款企业推迟投资，避免了逆向选择。Voordeckers 和 Steijvers 研究认为信贷配给问题产生的原因是银行和借款企业之间的信息不对称的存在，指出借款企业提供质押可以缓解银企之间信息不对称的问题，进而避免信贷配给问题。Stiglitz 和 Weiss 扩展了原有的 S－W 模型，指出提供质押不能避免信贷配给问题的产生，质押一方面可以降低借款人的冒险动机，使得银行利润增加，另一方面却会产生逆向选择问题，因而信贷配给问题仍然是无法避免的。Williamson 基于 S－W 的模型，从事后信息不对称产生的监督审查成本的角度进行分析，得出信贷配给无法避免的结论。在他的模型中，道德风险来自借款人项目投资收益的事后信息不对称，银行要想得到关于借款人项目收益的私人信息需要付出一笔监督审查费用。这种因事后的道德风险产生的监督审查费用也有可能产生于 S－W 模型类似的信贷配给问题。Schreft 和 Villamil 把贷款额度引入了他的模型中，信贷配给通过贷款额度发挥作用，相比于大的企业，小的企业更有可能受到信贷配给的影响，实际获得的贷款额度比期望的贷款额度要少。

杰里和瑞尼指出信息甄别（自我选择机制）可以解决逆向选择问题，即借款企业根据自己的类型在银行提供的多个贷款合同中选择一个使自己利润最大化的合同，并以此来选择相应的行动。Rothschild 和 Stiglitz 的研究分析是关于自我选择机制的经典文献。在他们的模型中均衡的合同必须满足如下条件：一是消费者效用达到最大化；二是在均衡合同中不存在负利润；三是在均衡合同之外，不存在能够产生非负利润的其他合同。他们也证明了在低风险类型的个体所占的比例足够小的情况下，至少存在一个分离均衡合同使得不同风险类型的个体能够被成功地分离开来。Posey 和 Yavas 的研究认为固定利率和可调整利率贷款合同的组合也可以作为一种甄别筛选工具，当借款人的违约成本比较高时会出现唯一的分离均衡结果：低风险类型的借款人偏好于固定利率贷款合同，高风险类型的借款人偏好于可调整利率的贷款合同；银行获得非负的利润。此后，研究质押贷款市场激励相容合同的文献大量涌现。其中，以

Bester 的研究最具开创性意义。Bester 认为贷款合同中的利率高低和质押数量多少可以作为银行分离借款企业项目风险属性的甄别筛选机制，高风险项目的借款企业偏好于选择无抵押高利率的合同，低风险项目的借款企业偏好于选择有抵押低利率的合同，借款企业通过自我选择机制达到分离均衡，避免信贷配给的发生。对于质押信号对风险的识别作用的观点，在 Chan 和 Kanatas、Bester、Besanko 和 Thakor 等文献中有了更加广泛而深入的研究。假设信贷市场中的信息不对称和借款企业投资项目的风险属性有关，相应地将企业分为低风险类型和高风险类型，相对于高风险类型借款企业，低风险类型借款企业的违约概率较小，质押是和不同风险类型的借款企业的成本不同相关的：高风险类型的借款企业倾向于不提供质押；而低风险类型的借款企业愿意向银行提供更多的质押来传递其低风险的信号。基于这种意愿的贷款合同就可以成功地将不同风险类型的企业分离。Besanko 和 Thakor 研究了根据借款企业项目规模的不同而提供不同额度的贷款情况。当借款企业能够提供最大质押量而无法成功地将企业分离时，贷款额度能够作为附加的筛选分离机制。Alberto Martin 构建了逆向选择下的质押贷款模型，以质押物为最优贷款合同提供担保，可以在某种程度上缓解逆向选择问题带来的风险。

在信息不对称下和道德风险模型中，质押物可以被用作激励工具，质押物可以激励借款企业努力工作，以降低违约发生的可能性，避免损失质押物。Boot、Thakor 和 Udell 的研究还指出道德风险不一定会产生借款企业风险和质押物之间的正相关关系。Bester 放松了 S－W 模型的相关假设来进一步研究信贷配给问题，指出仅仅是道德风险的存在就可能产生信贷配给问题。他们假设借款企业可以选择不同的技术：好的技术和差的技术；好技术的预期收益比差的技术高，但成功情况下的利润收入比差的技术低，所以差技术风险要大些；但企业选择何种技术是私人信息，贷款人无法观察得到。因而，贷款人预期的利润和利率之间的关系是非单调的，就有可能存在信贷配给。对于道德风险，银行也可以设计一个激励合同

（要同时满足参与约束和激励相容约束条件）来诱导借款企业从自身利益出发选择对银行最有利的行动（杰里和瑞尼）。Harris 和 Raviv 研究了存在道德风险时最优的合同设计，证明了在风险中性的代理人的假设下，最优风险分担合同能够避免道德风险问题。Boot 和 Thakor 把基本的道德风险模型扩展到多阶段，银行设计的合同使得借款企业在第一期如约还款后便能够获得更加便宜的贷款（降低贷款利率或降低质押），银行出于激励的动机因而在后面阶段会相应减少质押，所以质押本身的成本也会降低。J. – P. Niinimäki 拓展了道德风险的研究范围，假设质押物的未来价值是波动的（比如房产、专利价值等），分别考虑了外部质押和内部质押两种情况，证明了质押在某种程度上会引发银行的道德风险问题，是因为质押物未来价值的不确定性使得不监控的银行有获得大于零的利润的可能性。并且，他也指出，相对于外部质押，内部质押更有可能会引发银行的道德风险问题。

近年来学者们对于质押贷款的研究朝着更加宽泛的方向发展。Koziol 研究了质押贷款合同中最优的质押率的确定。在完全信息下，高风险类型企业的质押率高于低风险类型企业的质押率。但是在不对称信息下，银行能否通过质押贷款合同将不同类型的借款企业成功地区别开来以及哪种类型的借款企业的质押率更高则取决于关于借款企业不对称信息的具体属性：如果信息非对称是关于借款企业的破产成本（保持不同类型的借款企业的其他特征一致），那么银行不能通过质押贷款合同将不同类型的借款企业成功地区别开来，并且低风险类型的借款企业在非对称信息下比在完全信息下提供更多的质押；但是如果信息非对称是关于借款企业项目回报的波动率大小（保持不同类型的借款企业的其他特征一致），则存在分离均衡合同，并且低风险类型的借款企业比高风险类型的借款企业提供更多的质押。Wang 在信息非对称的情况下，研究了如何确定一个竞争性的信贷市场中的最优资源配置问题以及最优贷款合同，将企业的资本分为一般资本（可以用在任何生产活动上，并且可以无成本地转化成特殊资本，这种转换是不可逆的）和特殊资本（是项目特有的资本，不能向一般资本转化，作为质押的话对银行没有任何价值）。结果表明，低风险类型的借款企业倾向于选择高质押率和低利率的贷款合同。在低风险类型的借款企业没有足够的一般资本为贷款提供担保时，它们面临银行的质押限制而无法得到贷款。为了项目融资，借款企业倾向于增加贷款规模，并且对一般资本分配较高的比例，因而导致了信贷市场中无效的资源配置和过度借贷。Neus 和 Stadler 分析了投资项目的失败概率大小和借款企业违约损失的大小对质押有效性产生的影响，结果表明前者对质押有效性不会造成任何影响，而后者与质押的有效性是一种负相关关系。在另外一些研究中，学者们假设了质押物未来价值是波动的，这样的假设也更加符合实际情况。J. – P. Niinimäki 假设质押物的未来价值是波动的（比如房产、专利价值等），分别考虑了外部质押和内部质押两种情况，证明了质押在某种程度上会引发银行的道德风险问题，并且指出，相对于外部质押，内部质押更有可能引发银行的道德风险问题。Winsen 用二叉树方法对质押贷款进行定价，探讨了质押资产价值对无追索权贷款的价值和利率影响的离散时间模型。Niinirmäki 给出了质押贷款的成本和收益是如何随着质押物价值和项目成功概率的随机波动而变化的。Inderst 和 Mueller 考虑了一个不完全竞争的信贷市场，相对于外来银行，当地银行拥有一种信息上的优势。来自外来银行的竞争压力使得当地银行不能榨取项目的所有剩余，结果导致当地银行无效率地拒绝一些盈利很小的项目，质押可以缓解这种情况。研究结果表明，有相对信息优势的当地银行对借款企业有较高的质押要求，技术创新使得这种信息优势越来越小，比如小企业信用评分系统的使用，这将导致质押更大程度上的使用。

我国的很多学者也对质押贷款问题进行了有价值和有意义的研究。熊熊等使用专利 Ulti – Age 竞争 t 仿真方法动态地模拟了银行与借款企业贷款过程的博弈，通过有限次重复博弈的仿真结果显示，当银企的互信行为同时出现时银行的收益达到最大化，与贷款质押率和质押物变现率无关。王霄和张捷建立了内生化借款企业资产规模和质押物的均衡信贷配给模型，研究结果显示，企业规模小于银行所规定的最低抵押物价值的高风险类型的借款企业和中小型借款企业将会从信贷市场中被剔除。田扬、李亚卿和李艳君等的研究都表明了质押可以缓解或消除信息不对称的贷款市场中的道德风险和逆向选择问题。王磊和伍新木拓展了斯蒂格利茨与威斯对于不对称信息下的贷款市场的研究，指出了在引入质押为贷款担保的情况下，质押可以降低贷款风险，并分析了逆向选择和信贷配给问题是如何受到质押物价值和利率变动的影响的。严太华等的研究指出，抵押和贷款利率作为筛选机制可以成功地将高风险类型的借款企业和低风险类型的借款企业分离开。刘元庆和刘光平认为在贷款期限内抵押品价值普遍存在着衰减的现象，并分析了其中的原因，给出了相对的应对措施，指出抵押品价值的管理是我国抵押贷款管理的重点。王志诚运用基于期权的定价技术和方法，研究了质押品的市场价值变动的情况下抵押率与利率的关系，以最大限度地降低银行的信用风险。

专利质押贷款属于质押贷款的范畴，以上关于质押贷款的分析方法、理论模型以及研究成果，能够为深入分析和研究专利质押贷款提供很好的理论基础和参考价值。

2. 基于实物期权方法的抵押贷款研究

Finderly 首次把期权定价模型和方法应用到贷款定价中，并且建立了单经济因素模型，分别研究了固定利率贷款和可变贷款利率贷款的借款人的提前支付期权。Foster 和 Order 是最早运用期权技术来研究抵押贷款中借款人违约行为的学者，借款人的违约行为决策可以看作是一份美式看跌期权，银行允许借款人在每一分期付款日期的开始时刻将房产卖给银行以偿还贷款未结清余额。在确定是否执行违约期权时，借款人会考虑作为抵押物的房产市场价值和其在房屋上所拥有的其他权益；当且仅当房产的价值与期权的执行成本之和低于抵押贷款的价值时，借款人才会执行违约期权。随后有大量的学者使用期权定价技术对抵押贷款进行定价（Brennan and Schwartz，Dunn and McConnell，Kau et al.）和研究借款人的违约行为

(Kau et al. , Titman and Torous)。Kau、Keenan 和 Kim 重点考虑了违约成本和借款人的次最优终止贷款合同的行为对违约概率的影响，而不仅仅只是计算违约期权的价值大小。Kau、Keenan、Muller 和 Epperson 使用期权定价方法研究了住房抵押贷款中的提前还款风险和违约风险，并且分别分析了提前还款行为和违约行为导致的合同终止和其他因素使合同终止对抵押贷款价值的影响。在结构化的抵押贷款期权定价模型中，抵押贷款合同中嵌套了两个最基本的期权：借款人的提前还款期权和违约期权。其中提前还款期权是一个美式买权，标的资产是贷款，执行价格是贷款未结清余额；违约期权是一个美式看跌期权，标的资产是作为抵押物的房屋，执行价格是贷款未结清余额。借款人可以在贷款有效期内的任何最优时点执行这两个期权。

Azevedo - Pereira、Newton 和 Paxson 使用均值回复的利率模型和对数化的房地产价格扩散模型，考虑了嵌套在抵押贷款中的两个最基本的期权：违约期权和提前付款期权，对固定利率的抵押贷款进行了定价，同时也考虑了损失补偿对于银行的价值；并且运用有限的差分数值模拟技术对各期权的价值、抵押贷款的价值以及损失补偿的价值对利率波动率、房地产价格波动率和贷款利率进行了敏感性分析。对于借款企业来说，质押贷款是负债，其持有的提前付款期权和违约期权在于使负债价值最小化。而对于银行来说，质押贷款是资产，因此银行要承担借款企业执行期权的损失。Sharp、Newton 和 Duck 在 Azevedo - Pereira、Newton 和 Paxson 的模型的基础上，基于随机的房地产价格和利率扩散过程，提出了一个更加符合实际的固定利率抵押贷款期权定价模型（包含了提前付款的潜在可能性和违约风险）。使用无套利原则确定了抵押贷款合同的均衡条件，即抵押贷款对于银行的价值与损失补偿价值之和等于借款人的净贷款量，由此可以确定满足均衡条件的贷款合同利率，如果定价合理，就会排除套利的可能性。并且分析了贷款期限、贷款手续费、房价波动率以及利率波动率对均衡的贷款合同利率的影响，以及对各期权的价值、抵押贷款的价值以及损失补偿的价值的影响。Ambrose 和 Buttimer 在抵押贷款期权定价基本模型的基础上，把违约期权分成了两部分：借款人没有能力支付到期应付款，即欠款（delinquency）的权力；借款人超出银行规定的欠款期，通过丧失质押品赎回权放弃对抵押物的所有权（foreclosure）。进一步深入地探讨了嵌套在抵押贷款合同中的所有期权，包括恢复期权的影响。同时提出了针对借款人违约管理方面一些损失减少措施的建议，并分析了这些措施和建议对借款人的欠款、提前还款、丧失质押品赎回权（foreclosure）和恢复处于欠款状态的抵押贷款行为决策的影响。En－Der Su 在 Ambrose 和 Buttimer 模型的基础上做了一些扩展，把数值模拟技术和决策树分析有机地结合起来，对中国台湾地区的房地产价格和利率做了5000次模拟，研究结果显示，提前付款行为主要受利率波动率的影响，欠款和恢复欠款行为受利率和房地产价格波动率的双重影响；在房地产价格和利率的波动率都比较高的情况下，恢复欠款行为优于丧失抵押品赎回权行为（即违约）。

Posey 和 Yavas 研究了可调整利率和固定利率抵押贷款作为对借款人违约风险的筛选机制，在非对称信息下，借款人的风险类型是私人信息，银行是无法知道的，存在唯一的分离均衡，高风险（低风险）借款人选择可调整利率抵押贷款（固定利率抵押贷款）。因而，借款人对抵押贷款合同的选择可以作为一种违约风险的信号，使银行能够将高风险的借款人和低风险的借款人分离开来。在一个竞争性的信贷市场中，分离均衡有可能给银行带来正的利润，也有可能出现混同均衡，即所有的借款人都选择固定利率抵押贷款合同或可调整利率抵押贷款合同。研究表明，增加高风险类型的借款人的比例会使分离均衡出现的可能性增大；预期利率的下降或者借款人未来收入的增加会使得可调整利率抵押贷款对于借款人更有吸引力。Templeton、Main 和 Orris 使用模拟的方法研究了借款人在固定利率抵押贷款合同和可调整利率抵押贷款合同之间的权衡，模拟的方法有助于评价相对于固定利率抵押贷款，选择可调整利率抵押贷款合同产生的风险和收益。

虽然我国的抵押贷款市场起步较晚，但也同样吸引了学者们的关注。唐文进和陈勇利用利率扩散模型和房地产价格扩散模型，使用风险资产定价模型研究分析了固定利率贷款合同下的风险价值。结果显示，借款人在固定利率贷款模式下的风险价值远小于其贷款的金额，房地产价格的波动幅度同抵押贷款合同的价值呈负相关关系，但是利率的波动同抵押贷款合同的价值呈正相关关系。王明好、陈忠和李丽在 Kariya 等模型的基础上做了一些扩展，指出存在三个风险来源：房产价格的波动、抵押贷款利率波动和短期无风险利率波动，建立了固定利率抵押贷款的三因素定价模型，研究分析表明：抵押贷款市场利率的下降或者房产价格的上升都会导致借款人执行提前付款期权，而房产价格的下降则会导致借款人理性地执行违约期权。王明好、陈忠和李丽还利用利率的跳扩散过程，具体结合我国的抵押贷款借款人所特有的行为特点建立了具有提前付款比例危险模型，并且使用蒙特卡洛数值模拟技术，研究分析了可调整贷款利率模式下的抵押贷款定价，同时对与利率相关的各参数变化对抵押贷款定价的影响进行了敏感性分析。

住房抵押贷款期权定价研究吸引了国内外大量学者的关注，关于这方面的理论研究比较成熟，文献也很丰富。专利质押贷款与住房抵押贷款有一定的相似之处：前者是以专利作为担保，后者是以房产作为担保；专利质押贷款可以采取一次性付款也可以参照住房抵押贷款的分期付款模式；房产的价格和专利项目的利润流都是波动的，可以用扩散过程来刻画；同样地，专利质押贷款合同中也嵌套有提前付款期权、违约期权等。因此，以上关于抵押贷款期权定价的分析方法、理论模型以及研究成果，能够为深入分析和研究专利质押贷款提供很好的理论基础和参考价值。

三　专利质押贷款的研究现状分析

国内外关于专利质押贷款的理论研究文献比较匮乏。Venkatahlam 调查了英国中小企业以专利为担保向银行贷款融资的情况，研究指出，由于专利评估难的困扰，使得专利对多数中小企业来说仅仅是在激烈的市场竞争中攫取垄断利润或开发新产品的工具。Bruno 和 Jean - Bernard Kirsten 探讨分析了专利作为质押与借款企业研发投资机会之间的关系，研究结果显示，即使企业在财务上有资金的缺口，但是创新所带来的收益增长率总是比实际利率要高。Harhoff研究指出评估难和清算处置难是阻碍专利质押贷款发展的关键因素，改进专利价值评估方法，并且建立完善和活跃的技术交易市场以提高专利的流动性是促进这种新兴的融资工具快速发展的关键。Frank分析了知识产权价值评估问题，指出知识产权的变现回收价值是银行开展知识产权质押贷款业务时最关注的问题。Amable、Chatelain和Ralf是最早建立专利质押贷款数学分析模型的学者，但他们主要研究的是专利权作为质押与创新企业研发增长速度和其储蓄水平之间的关系。Loumioti研究了无形资产质押贷款。银行会把无形资产看作是不可靠的抵押物，因为无形资产期望的未来现金流不确定性和不可预计性比较大，所以会对无形资产的价值严重贴现。在这篇文章中，作者考察了借款企业、银行和无形资产的特征是如何影响无形资产质押的决策的。研究发现，质量好的企业和名望高的企业特性可以缓解接受无形资产做质押的风险。非银行的金融机构和小银行或区域性的银行更有可能使用这个信贷业务，它们在引进信贷创新以吸引有资金需求的企业方面灵活性比较大。银行通过调整贷款条款（比如增加贷款价格、降低贷款期限）作为对接受低质量质押的风险补偿。

国内学者对于专利质押贷款的研究都停留在定性的描述性分析阶段。黄冬梅和王咏晖等结合我国专利质押融资的现状，从借款企业处于弱势地位、专利价值难以评估、银行面临风险大以及专利质押质权难以落实四个方面探讨了我国专利质押贷款融资中存在的问题，并给出了相对的应对之策。李文江指出以专利作为质押会产生诉讼风险、专利价值评估难且不确定性大以及质押担保质权实现难等风险，需要通过加强和完善专利评估以及规范化和制度化管理等相应措施来加以防范。

四 简要评述

（1）评估专利价值和专利项目价值是专利质押贷款融资以及银企之间利益权衡的基础和前提。商业化专利项目明显地具有实物期权的特征，因而实物期权方法被认为是专利价值评估中最为科学和合理的方法。使用实物期权方法，可以捕捉到不确定性因素对专利价值的影响，以及随着时间和项目的发展变化，专利的价值也是在动态发生变化的，而忽略这些不确定性和时机选择权，会产生很大损失。但是现实中专利的有效性不是确定的（弱专利），法律诉讼风险是专利作为无形资产所特有的风险，因此专利价值和专利项目的价值评估必须考虑这一不可或缺的关键因素，这也是后续研究的发展方向。

（2）质押贷款和住房抵押贷款期权定价研究一直是国际范围内金融研究的热点问题，众多学者的智慧使得这方面的相关研究在不断发展和完善，文献也比较丰富，专利质押贷款与它们既有内在的联系又存在一定的区别。对于理论研究还处在初期发展阶段的专利质押贷款来说，它是专利价值和专利项目价值评估、质押贷款和住房抵押贷款期权定价领域的理论研究在特定环境下的延伸和拓展。借鉴和有机结合这些已有的分析方法、理论模型以及研究成果，同时考虑专利作为无形资产所特有的一些性质，专利质押贷款的研究和分析将会呈现出崭新的面貌和全新的特征，未来研究前景广阔，意义重大。

第三节　研究内容、研究方法与创新

一　研究内容

专利质押贷款融资是目前学术领域和金融实践中亟待解决的重点和难点问题。本书综合运用并且有机结合了专利价值评估、质押贷款以及住房抵押贷款期权定价领域的理论方法和模型，从整体上构建了诉讼风险等多种不确定因素下的专利质押贷款融资机制模型。在这一研究思路下，本书总共分为7章，具体内容和结构安排如下：

在第一章的绪论中，总共包括3节。首先阐述了我国专利质押贷款融资问题的研究背景及目的与意义，其次是系统和全面地综述了国内外关于专利价值评估、质押贷款以及住房抵押贷款期权定价领域的理论和研究现状，并且进行了简要的评述，最后在此基础上对本书的研究内容、研究方法和创新点进行了介绍。

第二章，弱专利价值评估及影响因素分析。第一节，明确区分了商业化专利项目的价值和弱专利自身的价值，为后面的理论模型建立和数值分析提供了基础；第二节和第三节，基于实物期权思想和方法，探讨了商业化专利项目价值和基于诉讼期权的弱专利价值，并通过蒙特卡洛模拟技术对模型内的关键影响因素进行了敏感性分析；第四节分析了基于博弈论的弱专利许可收益价值，作为借款企业进行质押贷款融资时的保留价值，为其提供了参考依据。

第三章，弱专利质押贷款期权定价分析模型。第一节，弱专利质押贷款的期权定价分析模型的建立和嵌套的期权的分析；第二节，弱专利质押贷款损失补偿价值的计算。在此基础上。第三节，进行了弱专利质押贷款的均衡分析，并且用蒙特卡洛数值模拟技术探讨了主要的关键因素对均衡的贷款合同利率的影响。第四节，进一步分析了弱专利质押贷款价值和嵌套其中的期权价值，并且利用数值分析技术，研究了各个关键因素对它们的影响程度。在弱专利质押贷款期权定价模型的基础上。第五节，剖析了我国政府现行的专利质押贷款的风险补偿措施是否有效。

第四章，基于期权定价模型的弱专利质押贷款损失减少措施和违约风险管理。第一节，在上一章弱专利质押贷款期权分析模型的基础上，引入了借款企业在丧失质押品赎回权（foreclosure）前有恢复处于欠款状态的质押贷款的权力，构建了损失减少措施的基本模型，这个模型便于我们对银行的损失减少措施有效性进行分析。第二节，给出了各个期权的边界条件；在此基础上，对第三节进行了数值模拟计算，分析了商业化专利项目利润流的波动率 σ 和专利风险参数 P 对如约执行分期还款计划的概率、提前还款的概率、欠款的概率、丧失质押品赎回权（foreclosure）的概率以及恢复处于欠款状态的质押贷款的概率的影响。第四节，分析各种各样的政策工具对借款企业的欠款，提前还款，丧失质押品赎回权（foreclosure）和恢复处于欠款状态的质押贷款行为的影响。

第五章，不对称信息下的弱专利质押贷款博弈模型。第一节，建立了不对称信息下的弱专利技术质押贷款的基本模型。第二节，在第一节的基础上刻画了最优的贷款合同。第三节，给出了分离均衡合同，研究了分离均衡合同的特征并且进行了比较静态分析，分析了在非对称信息下对于借款企业的不同特征分离均衡的存在性以及借款企业不同特征的参数值变化对非对称信息引起的贷款合同的扭曲程度大小。

第六章，不对称信息下的弱专利质押贷款合同模式创新。本章研究了在非对称信息下，具有不同违约风险水平的借款企业是如何在可调整利率和固定利率模式的专利质押贷款合同之间自我选择的，以及这种自我选择能否作为借款企业违约风险的一种信号，使得银行能够实现对不同风险类型企业的成功分离，总共包括4小节。第一节，基本模型和假设；第二节，分别给出了在可调整利率和固定利率专利质押贷款模式下银行的零利润函数和企业的期望效用函数；第三节，给出了分离均衡合同的特征；第四节，通过数值例子说明了在非对称信息下，在某些特定参数取值范围内，存在唯一的分离均衡：银行根据企业风险类型提供两种合同，可调整利率（AR）合同和固定利率（FR）合同，高风险类型的借款企业选择AR合同，而低风险类型的借款企业选择FR合同，从而银行成功地将高风险类型的借款企业和低风险类型的借款企业分离开来。

第七章，总结与研究展望。对本书的研究结果进行了全面的总结，并指出未来的研究工作中需要努力的方向。

二　研究方法

第一，文献研究法。对于理论研究还处在初期发展阶段的专利质押贷款来说，它在国内外的研究成果比较有限。作为本书的基础，诉讼风险下的专利价值和专利项目价值评估、质押贷款和住房抵押贷款期权定价领域的理论研究比较成熟，文献也很丰富。对这些相关领域的文献进行了大量的阅读、分析和整理，借鉴和有机结合这些已有的分析方法、理论模型以及研究成果，为本书提供有价值的研究视角和思路。

第二，实物期权法。实物期权是一种结合了管理柔性和战略决策的分析问题的方法，考虑了多种不确定性因素对投资决策时机和价值产生的影响，而忽略这些不确定性和时机选择权，会产生很大的损失。商业化专利项目明显地具有实物期权的特征，并且在质押贷款的有效期内，嵌套了借款人的各种时机选择权（比如提前付款期权、违约期权和恢复期权等），所以本书使用实物期权的思想和方法，评估商业化专利项目价值和专利价值以及质押贷款价值，并分析借款企业在质押贷款中的各种行为决策以及对价值产生的影响。

第三，数值分析法。实物期权定价模型一般都得不到解析解，数值分析方法是解决这类问题的一种非常有效的方法。数值分析方法主要有二叉树、有限差分、蒙特卡洛模拟、小波分析以及神经网络等。鉴于专利质押贷款存在法律诉讼风险等多种不确定因素以及多种美式期权嵌套在专利质押贷款合同中，存在路径依赖等特点，因此本书采用新兴的最小二乘蒙特卡洛模拟方法，克服了标准的蒙特卡洛模拟方法在美式期权定价和决策方面的局限性。在进行理论研究的过程中，本书还采用了这种数值模拟技术对商业化专利项目相关的各参数变化、专利风险方面的各参数变化以及技术市场方面的各参数变化对融资成本、质押贷款价值、各期权价值以及分离均衡存在性的影响进行了敏感性分析。

第四，博弈论及信息经济学分析方法。重点涉及信息经济学中的委托—代理理论，是在非对称信息条件下进行的分析，它所要解决的问题可以归纳为两类：道德风险和逆向选择。非对称信息在专利质押贷款融资的实践中是普遍存在的，我们分析了非对称信息下不同风险类型的借款企业事前隐藏信息的逆向选择问题，探讨了分离均衡的存在性，即银行能否通过质押贷款合同的设计成功地将不同风险类型的借款企业分离开来。

三 本书的创新点

本书的创新点主要包括：

（1）明确区分商业化专利项目的价值与弱专利自身的价值，指出专利的价值还与其实施转化方式有关，因而表现出不同的价值实现方式，如商业化专利项目价值、专利自身价值、专利许可收益价值和专利拍卖价值（专利清算价值）等。研究结果表明：①专利在不同实现方式下的价值大小总是与其利润流和专利长度是正相关的，与诉讼风险是负相关的。②诉讼风险是影响上述价值大小的关键因素，法律诉讼风险的存在显著降低了专利在不同实现方式下的价值大小。

（2）本书主要基于实物期权思想和方法，建立了弱专利质押贷款期权定价分析模型，在分析借款企业在质押贷款中的各种行为决策以及对质押贷款价值和均衡贷款合同利率产生的影响时，该模型显然比传统的专利质押贷款模型更有优势；引入借款企业在丧失质押品赎回权（foreclosure）前有恢复处于欠款状态的质押贷款的权力，构建了关于借款企业违约管理过程的更加具体的期权分析模型，这个模型有助于对银行的损失减少措施有效性进行分析。研究结果显示：①加强知识产权的保护力度，逐步建立成熟和完善的技术交易市场，对银行开展专利质押贷款融资业务是有积极的促进作用的。专利质押贷款合同中嵌套的期权对专利质押贷款价值的影响是比较大的；并且专利诉讼风险的存在使得银行遭受的损失进一步地恶化。在我国政府现行的专利质押贷款风险补偿措施中，贷款贴息政策对专利质押贷款有两种相反效应的影响，一方面降低违约动机的激励是有效的，另一方面却使得融资成本上升；损失补偿政策对专利质押贷款是有积极的促进作用的。②延长规定的欠款期对处于欠款状态的质押贷款有正面的影响；但对提前还款概率的影响非常小；在大多数情况下，免除欠款罚金会增大欠款的发生率，但是不一定会降低丧失质押品赎回权的发生率；企业的资信状况的好坏也会对专利质押贷款产生比较大的影响，银行方面应该强化信用记录的重要性，让企业重视自己的信用评级。

（3）剖析了在不对称信息下，以贷款数额和贷款合同利率作为甄别筛选工具以及以可调整利率（AR）和固定利率（FR）模式的专利质押贷款合同作为甄别筛选工具的可行性和有效性。本书的研究结果表明：①在以贷款数额和贷款合同利率作为甄别筛选工具的情况下，银行能够对高风险的企业和低风险的企业进行筛选，但是，这种甄别筛选是以减少低风险类型企业的贷款额度为代价的，引起贷款合同的扭曲，同时企业效用水平也有一定程度的损失。②以可调整利率（AR）和固定利率（FR）模式的专利质押贷款合同作为甄别筛选工具时，在某些特定参数取值范围内，存在唯一的分离均衡，高风险类型的借款企业偏好于选择 AR 合同，而低风险类型的借款企业倾向于选择 FR 合同。

第二章　弱专利价值评估及影响因素分析

对专利技术价值的准确评估是银行开展专利质押贷款业务相关决策的基础和前提，在专利质押贷款业务实践中，专利价值的大小很大程度上决定了银行实际发放的贷款额度多少。在2006年9月湖南省湘潭召开的“全国知识产权质押融资工作研讨会”上，与会的专家代表们都认为专利的估值风险是银行惜贷、专利质押贷款业务步履维艰的关键因素。

专利技术是一种无形资产，受到信息和成本的限制，知识产权局不可能对每一件专利申请都进行彻底详细的审查，所以专利技术的有效性是不确定的。Farrell 和 Shapiro 把这种专利称为弱专利（指存在一定的概率被法院判为无效的专利）。专利质押贷款经常在专利的有效性复查之前发生，一些被授予的专利技术仍然存在着较严重的质量问题，于是一旦出现权属纠纷，专利技术价值一定受到很大的冲击。但是现有的专利技术价值评估模型和方法大都忽略了专利诉讼风险这个重要的价值影响因素。在本书的研究中，我们使用了一个外生的变量（跳扩散过程）来反映专利诉讼风险；或者更进一步地，通过内生化专利诉讼风险，给出了基于诉讼期权的弱专利自身价值，并且对其价值的影响因素进行了分析。

第一节　商业化专利项目价值和弱专利自身价值

在本书的分析中，我们假设借款企业以商业化专利项目收益价值和专利质押物本身价值为贷款提供担保，一旦贷款到期日无法归还贷款而违约，企业将失去其专利，已经产生的项目收益价值也归银行所有。Hall、Jaffe 和 Trajtenberg 指出在很多情况下，商业化专利项目的价值并不等同于专利自身的价值，前者的价值通常比后者的价值要高得多。一个商业化项目的价值与专利自身的价值的等同只会在某些特定情况和特定行业成立。例如，在医药行业，专利技术是项目开发成功的必要条件。一种新药的研发，必须经历严格的八个阶段：研究阶段、临床前实验阶段、临床实验阶段Ⅰ、临床实验阶段Ⅱ、临床实验阶段Ⅲ、专利申请阶段、权威部门（食品医药部门）鉴定阶段、通过鉴定最后进入生产和销售阶段，而且每个阶段是否成功具有高度的不确定性，失败的可能性也相当高。一个配方要商业化开发成为一种新药的概率大概只有 0.01%。对医药公司而言，如果它在有专利保护的情况下商业化开发完成一种新药就可能盈利；但是，如果它不使用专利，得到的投资利润非常小，甚至无法弥补前期的研发投资成本，在这样的情况下，专利自身的价值就等于商业化专利项目产生的价值，因为如果没有这项专利技术的话，公司就不可能商业化开发完成这个项目。但是对于很多其他商业化专利项目而言，从专利保护中得到的价值仅仅是项目价值的一部分。虽然现有的很多文献都使用了实物期权模型来评估专利价值，但是得到的都是商业化专利项目的价值，而不是专利自身的价值。本书的研究采用 Ernst、Legler 和 Lichtenthaler 的研究对专利自身价值的定义，即专利的价值是受专利保护下的商业化开发项目的价值与不受专利保护下的商业化开发项目价值之差：

$$P = V_I^p - V_I^u$$

其中，P 表示专利价值，V_I^p 表示受专利保护下的商业化开发项目的价值，V_I^u 表示不受专利保护下的商业化开发项目价值。商业化开发项目中的专利技术主要涉及两种类型，一种是专利技术是商业化开发项目成功的必要条件，在这样的情况下，专利自身的价值就等于受专利保护下商业化专利项目产生的价值，因为如果没有这项专利技术的话，公司就不可能商业化开发完成这个项目，就不会有利润流。对专利价值评估的很多文献事实上就属于这种情况。这时，$V_I^u=0$，则 $P=V_I^p$。但是在很多现实情况下，某项专利技术不是商业化开发成功的唯一必要条件，在这种情况下，专利的价值是由于专利的专有权所产生的额外的利润流。而第一种情况下专利的价值则体现在拥有专利技术所带来的所有利润流。这就是两种专利价值的区别。

专利技术可以作为经营资产对外进行许可，可以自行商业化开发，也可以在技术交易市场中拍卖，因而表现出不同的价值实现方式，如专利许可价值、专利商业化项目价值和专利拍卖价值（专利清算价值）等。在实际应用中，我们要根据具体问题和不同的研究目的，选择相应的价值类型。例如，专利技术必须与专业知识、相应的生产设备和销售渠道相结合才能产生较高的利润流，所以专利技术能为借款企业带来未来收益和超额利润，体现的是商业化专利项目的价值；但就银行来说，它不能对专利进行商业运作，只能通过技术交易市场对专利进行清算拍卖得到未收回贷款的价值补偿，体现的是专利的清算或变现价值。

第二节 商业化专利项目价值与专利投资的多阶段性、不确定性

在本书的分析中，我们假设借款企业以商业化专利项目收益价值和专利质押物本身价值为贷款提供担保，一旦贷款到期无法归还贷款而违约，企业将失去其专利，产生的项目收益价值也归银行所有。商业化专利项目的价值越大，产生的项目收益价值就越大，如约归还银行贷款和支付利息的可能性就越大，银行的贷款就越安全。

本节考虑了专利投资的多阶段、多不确定性和专利长度，在不同标的资产的随机动态模型假设下，使用了一个外生的变量（跳扩散过程）来反映专利诉讼风险，利用实物期权理论及数值算法计算

商业化专利项目的价值，并且研究了它们之间的关系，有利于在实践中做出更加合理的投资决策，也为银行开展专利质押贷款业务提供重要参考依据，因为商业化专利项目价值的大小直接反映了企业违约风险的大小以及企业违约的情况下银行损失程度的大小（在贷款到期日，如果企业无力归还贷款，银行将获得项目收益价值和专利质押物价值），这是本节研究专利项目价值及影响因素的重要目的之一。

一　基本模型和假设

考虑一个专利技术研发项目的公司，该项目需 N 阶段完成后才能产生现金流。例如，上面给出的新药技术研发的例子，需要严格标准的八个阶段。为了集中研究这类投资问题，我们把该项目看作是公司资产负债表上唯一的资产。假设当投资项目完成后，开发的产品能得到完全专利保护，在产品市场上处于垄断地位，只要投资决策是最优的，该项目投资就能创造财富。

在完成前的每一阶段上，公司在作是否从事下一个阶段的投资决策时，公司必须考虑（ⅰ）项目所处的状态，即已完成的阶段数；（ⅱ）专利的保护期；（ⅲ）完成项目所产生的未来预期利润流 π_t。

在纯扩散模型的基础上引入泊松跳过程来反映专利诉讼风险的影响，假设在专利有效期内，商业化专利产品的净现金流 Π_t 服从下面的 Poisson 跳扩散过程：

$$d\Pi_t = \alpha\Pi_t dt + \sigma\Pi_t dW_t + k\Pi_t dq \qquad (2-1)$$

这里 dt 是时间间隔，α 是专利商业化利润流的风险调整漂移率，且 $\alpha < r$，r 是无风险利率。σ 是无跳跃发生时专利商业化利润流的瞬时波动率（即标准差），dW_t 是标准的布朗运动，用它来刻画专利商业化利润流的不确定性。潜在挑战者挑战专利有效性的时间的不确定性及其挑战成功造成损失的大小的不确定性并存的情况下，我们可以用复合跳过程来刻画，当 $dq = 1$ 时，表示跳事件发生，$dq = 0$ 时，表示跳事件没有发生，每次跳事件发生时，跳的大小是随机的，它服从 $\log_e(1+k) \sim N(\gamma', \chi^2)$，这里 $\gamma' = \gamma - 0.5\chi^2$ 和

$E(k) \equiv \bar{k} = e^{\gamma} - 1$。跳事件发生的次数服从强度参数为 λ 的 Poisson 分布。

当公司决定要继续研发时，它必须承受瞬时投资成本：

$$I(t) = a + b\pi_t \tag{2-2}$$

这个投资成本 $I(t)$ 表示支付研发人员工资、购置设备及市场调研费，其中可变投资成本 $b\pi_t$ 表示研发人员的工资，反映宏观经济因素，也体现了员工的工资与项目的利润挂钩的激励分配机制；固定投资成本为 a，反映设备投资和市场调研费，与未来现金流 π_t 无关。

公司一旦决定从事投资，在下一个 dt 时间内成功的概率为 pdt。为了简单，假设研发过程中攻克难关（或排除障碍）的概率 pdt 与具体阶段的投资无关，也假设技术的不确定性与现金流的不确定性（即市场需求的不确定性）独立。

设 $n(t)$ 是随机变量，它表示公司已完成的阶段数。在当前 t 时刻专利技术项目的进展状态用 $n(t)$ 来刻画。我们用 $u(t) \in \{0, 1\}$ 表示公司在 t 时刻的二元决策变量（等待/投资），状态变量 $n(t)$ 的变化依赖于（ⅰ）公司的投资策略（等待/投资）和（ⅱ）投资后攻克难关成功的概率，它的动态变化如下：

$$\mathrm{d}n(t) = \begin{cases} 1 & \text{概率，} up\mathrm{d}t \\ 0 & \text{其他} \end{cases} \tag{2-3}$$

我们的基本假设不是没有先例，Garlappi（2004）也作了类似的假设（如方程（1）、方程（2）和方程（3）所示）。

二　商业化专利项目投资价值

利用标准方法 Duffie（1996）将实际概率测度转化为风险中性概率测度 p^*，在风险中性测度下，现金流 π_t 变化如下：

$$\mathrm{d}\pi_t = (\alpha - \lambda\sigma\rho)\pi_t \mathrm{d}t + \sigma\pi_t \mathrm{d}W_t^* \tag{2-4}$$

其中，$\lambda = (r_m - r)/\sigma_m$ 为市场风险价格，r 为无风险利率，r_m 和 σ_m 分别为市场组合的收益率和标准差，ρ 为 dW_t 和 dW_t^* 的相关系数。

假设专利的长度为 T，在专利到期之后，由垄断转变为完全竞争，因此假设专利到期后利润流为0，从而研发完成后从事商业化专利产品所产生的总利润流的现值为：

$$V(\pi_t) = \int_t^T e^{-r(s-t)} E_{p*}[\pi_s \mid F_t] ds$$

$$= \frac{\pi_t}{r - \alpha + \lambda\sigma\rho}[1 - e^{-(r-\alpha+\lambda\sigma\rho)(T-t)}]$$

这里我们和实物期权文献作同样的假设 $0 < \alpha < r$，为确保专利价值是有限值，我们利用向后递归法求解动态规划问题，首先给出完成后专利价值，然后依此求解完成前专利价值①：

命题1（完成后专利价值）　如果公司已完成 N 阶段的投资，即项目已完成，则获得专利技术的价值为：

$$V(\pi_t, N) = \frac{\pi_t}{r - \alpha + \lambda\sigma\rho}[1 - e^{-(r-\alpha+\lambda\sigma\rho)(T-t)}] \tag{2-5}$$

注意：专利技术的价值不仅受到未来的利润率 π_t，也受到专利的保护期 T 和市场风险 σ 及无风险利率 r 等因素的综合影响，这为我们后面系统地研究这些因素的影响提供了基础。

设 $V(\pi_t, n(t))$ 表示在 t 时刻公司已完成 $n(t)$ 阶段专利项目价值，在项目未完成之前 $(n(t) < N)$ 的专利项目价值：

$$V(\pi_t, n(t)) = \max_{u(s), s\in(t,L)} E_t^{p*}\{e^{-r(L-t)} V(\pi_L, n(L)) - \int_t^L e^{-r(s-t)} u(s)(a + b\pi_s) ds\} \tag{2-6}$$

这里 L 为未来的任意时刻，$n(t) \in \{0, 1\}$ 是 t 时刻公司作决策的二元决策变量（等待/投资）。为了简单起见，我们去掉时间 t 指标。

命题2（完成前专利价值）　如果公司现已完成 $n(t)$ 阶段，$n(t) < N$，那么专利价值必须满足下面 Hamilton - Jacobi - Bellman（HJB）方程：

$$\frac{1}{2}\sigma^2 \pi^2 \frac{\partial^2 V(\pi, n)}{\partial \pi^2} + (\alpha - \lambda\sigma\rho)\pi\frac{\partial V(\pi, n)}{\partial \pi} - rV(\pi, n) +$$

---

① 第二节求解的弱专利技术价值实际上是诉讼风险下商业化专利项目的价值。

$$\sup_{u\in\{0,1\}}\{u[p(V(\pi, n+1)-V(\pi, n))-(a+b\pi)]\}=0 \quad (2-7)$$

证明：根据式（2－6），$V(\pi, n)$的定义，由式（2－3）和式（2－4），利用 *Ito* 引理

$$dV(\pi,n)=\frac{\partial V(\pi,n)}{\partial\pi}d\pi+\frac{1}{2}\frac{\partial^2 V(\pi,n)}{\partial\pi^2}(d\pi)^2+[V(\pi,n+1)-V(\pi,n)]up$$

关于风险中性测度 p^* 取期望

$$E_t^{p^*}[e^{-r(L-t)}V(\pi_L,n(L))]=V(\pi_t,n(t))+\int_t^L e^{-r(L-t)}pu(s)\left[V(\pi,n+1)-V(\pi,n)\right]ds+\int_t^L e^{-r(s-t)}\left[-rV(\pi_s,n(s))+\frac{1}{2}\sigma^2\pi_s^2\frac{\partial^2 V(\pi_s,n(s))}{\partial\pi_s^2}+(\alpha-\lambda\sigma\rho)\pi_s\frac{\partial V(\pi_s,n(s))}{\partial\pi_s}\right]ds \quad (2-8)$$

如果采用的是最优决策，则把式（2－8）与式（2－6）相比较，可得：

$$\frac{1}{2}\sigma^2\pi^2\frac{\partial^2 V(\pi, n)}{\partial\pi^2}+(\alpha-\lambda\sigma\rho)\pi\frac{\partial V(\pi, n)}{\partial\pi}-rV(\pi, n)+\sup_{u\in\{0,1\}}\{u[p(V(\pi, n+1)-V(\pi, n))-(a+b\pi)]\}=0$$

这就是 HJB 方程（2－7）。

假设 $V(\pi, n)$满足正则性条件，最优投资策略可用临界值$\pi^*(n, T)$来表示，它由三个因素决定（ⅰ）已完成的阶段数 n；（ⅱ）专利的保护期 T；（ⅲ）完成项目所产生的未来利润流π。

$$u^*=\begin{cases}1 & if\quad \pi>\pi^*(n, T)\\ 0 & if\quad \pi<\pi^*(n, T)\end{cases} \quad (2-9)$$

因此 HJB 方程可以利用命题 1 给出的式（2－5）作为边界条件和四个极限状态：

$$\lim_{\pi\to 0}V(\pi, n)=0 \quad \text{（因为}\pi=0\text{ 是一个吸状态（absorbing state））} \quad (2-10)$$

$$\lim_{\pi\to\infty}V(\pi, n)=\pi \quad \text{（横截性条件（transverse condition））} \quad (2-11)$$

$$\lim_{t\to T}V(\pi,\ n)=0 \qquad \text{（专利到期）} \qquad (2-12)$$

$$\lim_{T\to\infty}V(\pi,\ N)=\pi_t/(r-\alpha+\lambda\sigma\rho) \qquad \text{（无限专利保护期）} \qquad (2-13)$$

由命题1和命题2，我们可以得到下面专利价值的单调性和投资策略。

命题3（专利价值的单调性）　$V(\pi,\ n,\ T)$ 随利润流π、完成的阶段数 n 和专利长度 T 的增加而增大。

证明：专利价值类似于写在标的利润流π上的复合实物期权，执行价为投资成本。已完成 $n+1$ 阶段的复合实物期权的执行价格要低于已完成 n 阶段的复合实物期权的执行价格，根据这种 call 期权的性质可直接得到 $V(\pi,\ n+1)-V(\pi,\ n)>0$，即 $V(\pi,\ n,\ T)$是完成的阶段数 n 的增函数。另外，专利价值是未来收益的期望贴现值，可知专利的价值也是π和 T 的增函数。

命题4（临界值策略）　设 $\Delta=V(\pi,\ n+1)-V(\pi,\ n)$，若$\partial\Delta/\partial\pi\geqslant b/p$，则存在一个利润流水平$\pi^*(n)$，$0<\pi^*(n)\leqslant\infty$，当$\pi<\pi^*(n)$时等待，当$\pi>\pi^*(n)$时投资。

证明：直接用 HJB 方程（2-7）和 $V(0,\ n)=0$ 可得到结论。

我们的命题3和命题4虽然是在垄断情况下得到的，但与 Garlappi 的结论有类似的性质。

三　两阶段下专利项目价值、多阶段性和不确定性

专利价值的 HJB 方程（2-7）在一般情况 $N>2$ 阶段没有解析解。在这一节，为了说明模型的基本动态，我们在简单的两阶段投资的情况下，给出专利价值的解析解和投资策略。

在两阶段情况下，即在 $N=2$ 时，专利价值已由命题1给出。现在从 $n=1$ 开始求解。

当$\pi>\pi_1^*$时，

$$\frac{1}{2}\sigma^2\pi^2\frac{\partial^2V(\pi,1)}{\partial\pi^2}+(\alpha-\lambda\sigma\rho)\pi\frac{\partial V(\pi,1)}{\partial\pi}-(r+p)V(\pi,1)+A\pi-a=0 \qquad (2-14)$$

这里　$A\equiv\dfrac{p[1-\exp(-(r-\alpha+\lambda\sigma\rho)(T-t))]}{r-\alpha+\lambda\sigma\rho}p-b$。

当$\pi < \pi_1^*$时，

$$\frac{1}{2}\sigma^2\pi^2\frac{\partial^2 V(\pi,1)}{\partial\pi^2} + (\alpha - \lambda\sigma\rho)\pi\frac{\partial V(\pi,1)}{\partial\pi} - rV(\pi,1) = 0 \tag{2-15}$$

方程（2-14）和方程（2-15）的通解为：

$$V(\pi) = \begin{cases} B_1\pi^q + C_1\pi + E_1 & if \quad \pi \geqslant \pi_1^* \\ F_1\pi^k & if \quad \pi < \pi_1^* \end{cases} \tag{2-16}$$

这里 $q = \frac{1}{2} - \frac{\alpha - \lambda\sigma\rho}{\sigma^2} - \sqrt{\left(\frac{\alpha - \lambda\sigma\rho}{\sigma^2} - \frac{1}{2}\right)^2 + \frac{2(r+p)}{\sigma^2}} < 0$ （2-17）

$$k = \frac{1}{2} - \frac{\alpha - \lambda\sigma\rho}{\sigma^2} + \sqrt{\left(\frac{\alpha - \lambda\sigma\rho}{\sigma^2} - \frac{1}{2}\right)^2 + \frac{2r}{\sigma^2}} > 1 \tag{2-18}$$

$$C_1 = \frac{A}{r + p - (\alpha - \lambda\sigma\rho)} \tag{2-19}$$

$$E_1 = -\frac{a}{r+p} \tag{2-20}$$

系数 B_1 和 F_1 及π_1^*可通过熟悉的期权理论来确定：（ⅰ）价值匹配（value matching）条件；（ⅱ）光滑通过（smooth pasting）条件，（ⅲ）高接触（super high contact）条件。

$$B_1 = \frac{E_1 k}{(q-1)(k-q)}(\pi_1^*)^{-q} \tag{2-21}$$

$$F_1 = [B_1(\pi_1^*)^q + C_1\pi_1^* + E_1](\pi_1^*)^{-k} \tag{2-22}$$

$$\pi_1^* = \frac{kqE_1}{(k-1)(1-q)C_1} \tag{2-23}$$

再解 $n=0$ 的情况，专利价值必须满足下面的微分方程组：当$\pi > \pi_0^*$ 时，

$$\frac{1}{2}\sigma^2\pi^2\frac{\partial^2 V(\pi,0)}{\partial\pi^2} + (\alpha - \lambda\sigma\rho)\pi\frac{\partial V(\pi,0)}{\partial\pi} - (r+p)V(\pi,0) + pV(\pi,1) - a - b\pi = 0 \tag{2-24}$$

当$\pi < \pi_0^*$ 时，

$$\frac{1}{2}\sigma^2\pi^2\frac{\partial^2 V(\pi,0)}{\partial\pi^2} + (\alpha - \lambda\sigma\rho)\pi\frac{\partial V(\pi,0)}{\partial\pi} - rV(\pi,0) = 0 \tag{2-25}$$

这里根据命题3，$V(\pi, n=1) > V(\pi, n=0)$而且已完成（$n=0$）阶段的项目所需投资成本比已完成（$n=1$）阶段的项目所需的投资成本大。根据实物期权理论知$\pi_0^* > \pi_1^*$，即项目越接近完成越想投资，即随项目完成阶段数量越多，等待投资的时间越少，与我们的现实直观一致。因此，当$\pi > \pi_0^*$时，由于$\pi_0^* > \pi_1^*$，所以$\pi > \pi_1^*$，就有$V(\pi, 1) = B_1 \pi^q + C_1 \pi + E_1$。根据方程（2-24）和方程（2-25）我们有如下通解：

$$V(\pi, 0) = \begin{cases} B_0 \pi^q + C_0 \pi + E_0 + D_0 \pi^q \ln \pi & if \quad \pi > \pi_0^* \\ F_0 \pi^k & if \quad \pi < \pi_0^* \end{cases} \tag{2-26}$$

将方程（2-26）代入相应的方程（2-24）和方程（2-25）可确定系数D_0和系数C_0及系数E_0：

$$D_0 = \frac{-pB_1}{0.5\sigma^2(2q-1) + \alpha - \lambda\sigma\rho}$$

$$C_0 = \frac{pC_1 - b}{p + r - (\alpha - \lambda\sigma\rho)}$$

$$E_0 = \frac{pE_1 - a}{r + p} \tag{2-27}$$

余下的系数B_0和F_0及π_0可利用价值匹配、光滑通过和高接触条件来确定：

$$B_0 = -D_0 \ln \pi_0^* - \frac{D_0(k-2q)}{q(k-q)} - \frac{C_0(k-1)}{q(k-q)}(\pi_0^*)^{1-q} \tag{2-28}$$

$$F_0 = [B_0(\pi_0^*)^q + D_0(\pi_0^*)^q \ln \pi_0^* + C_0 \pi_0^* + E_0](\pi_0^*)^{-k} \tag{2-29}$$

π_0^*由隐式方程给出：

$$D_0(k-q)(\pi_0^*)^q + C_0(k-1)(1-q)\pi_0^* - E_0 qk = 0 \tag{2-30}$$

将上述对两阶段专利价值及投资临界值的分析结论由下面的命题给出。

命题5 在专利技术项目未完成前，已完成状态为$n(n=0, 1)$时，专利价值为：

$$V(\pi, 0) = \begin{cases} B_0 \pi^q + C_0 \pi + E_0 + D_0 \pi^q \ln \pi & if \quad \pi > \pi_0^* \\ F_0 \pi^k & if \quad \pi < \pi_0^* \end{cases}$$

$$V(\pi, 1)=\begin{cases} B_1\pi^q + C_1\pi + E_1 & if \quad \pi > \pi_1^* \\ F_1\pi^k & if \quad \pi < \pi_1^* \end{cases}$$

这里π_0^* 和π_1^* 分别是状态 $n=0$ 和 $n=1$ 的投资临界值，B_i、C_i、E_i、F_i 和π_i^*（$i=0$，1），D_0、q 和 k 前面已给出。由下面直观图 2－1 和图 2－2 予以说明。

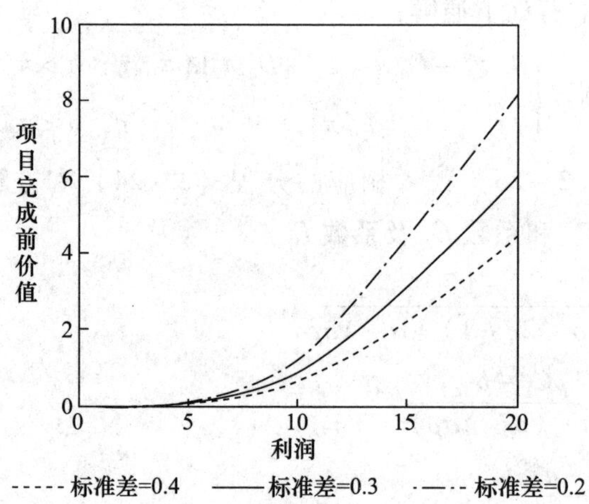

图 2－1　完成前价值与利润的关系（$n=1$）

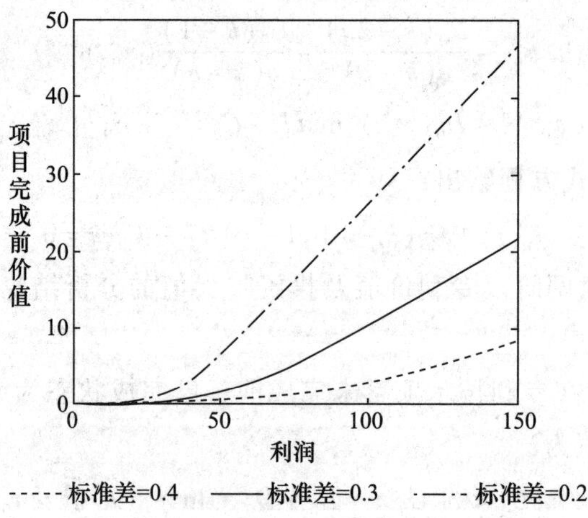

图 2－2　完成前价值与利润的关系（$n=0$）

从上面的图 2－1 和图 2－2 可以看出，不论是在 1 阶段还是 0 阶段，完成前价值随着利润的增大而增大。值得注意的是，这里 σ 越大，价值越小。据金融期权理论可知随着 σ 的增大期权价值增加，但有限专利长度的专利投资期权却不同于金融期权，主要原因在于，专利的长度是指专利受到法律保护的年限，其起始日期为发明创造者完成创新后向专利局提出申请并得到批准、生效之日。发明创造者什么时间生产专利产品并推向市场要根据市场的需求情况来确定，σ 表示市场风险、反映市场需求的不确定参数。根据金融期权理论 σ 越大越应推迟专利产品商业化，而越推迟专利产品商业化，由于专利长度有限使剩余的生产专利产品商业化产生现金流的时间越短，从而未来现金流的贴现值的减少（即期权的标的资产的价值变小）对专利投资期权价值的影响优于推迟商业化等待柔性的价值，因此，提示我们在专利投资期权定价时不要简单套用金融期权的定价公式，因为金融期权的执行决策不改变标的资产的价值大小，因此简单套用金融期权的定价公式会高估专利的价值。同时把图 2－1 与图 2－2 比较可看到完成阶段数 $n=1$ 的专利价值显著地大于相应对 $n=0$ 的价值，这说明了完成阶段数对专利价值影响的敏感性。

四　多阶段下（$N>2$）的三者之间关系的数值分析

由于超过两阶段的专利投资模型更复杂、得不到解析解，在本节我们对更现实的多于两阶段的模型进行分析，利用数值方法求解专利价值，分析专利项目价值是怎样随不同进展阶段、不确定性及专利保护长度的变化而变化。

数值求解依赖于在动态规划中的向后数值迭代法（Putermam）。我们考虑对利润流过程 π_t 离散化，求解离散形成的 HJB 方程（2－7）可得到专利项目的价值，具体形式为：

$$V(\pi,\ n)=\max\{pE^{P*}[e^{-[r-(\alpha-\lambda\sigma\rho)]\Delta t}V(\tilde{\pi},\ n+1)-V(\tilde{\pi},\ n)]-a-b\pi+E^{P*}[V(\tilde{\pi},\ n)],\ E^{p*}[V(\tilde{\pi},\ n)]\} \quad (2-31)$$

边界条件为 $n=N$ 时的 $V(\pi_t,\ N)$ 在命题 1 中已给出。数值计算结果由表 2－1 给出。

表 2-1　　多阶段下专利价值与专利长度和波动率的关系

波动率（σ）	专利价值（V）			
	n	$T=10$	$T=14$	$T=16$
0.2	8	152.7573	187.4105	201.0805
	7	132.6548	166.6388	180.0448
	6	113.1172	146.4448	159.5919
	5	94.1292	126.8131	139.7063
	4	75.6758	107.7286	120.3727
	3	57.7427	89.1764	101.5764
	2	40.3157	71.1423	83.3028
	1	23.3811	53.6124	65.5380
	0	6.9255	36.5730	48.2683
0.22	8	151.4345	185.2731	198.5397
	7	131.2834	164.4518	177.4558
	6	111.7079	144.2195	156.9660
	5	92.6923	124.5601	137.0541
	4	74.2213	105.4580	117.7046
	3	56.2799	86.8980	98.9020
	2	38.8535	68.8653	80.6316
	1	21.9281	51.3455	62.8789
	0	5.4899	34.3247	45.6297

注：T 表示专利长度，未来预期利润流 $\pi_t=22$，n 为完成阶段数。

表 2-1 的数值计算结果说明了专利长度 T 越长，n 越大，专利价值 V 越大；波动率 σ 越大，专利价值 V 越小。这些与我们两阶段情形分析的结论完全相同。

表 2-2 的数值计算结果说明了利润流越大，专利价值越大，与两阶段的情况完全一样。

表 2-2　　多阶段下专利价值与利润流的关系

σ	π_t	专利价值（V）								
		n=8	n=7	n=6	n=5	n=4	n=3	n=2	n=1	n=0
0.2	22	152.76	132.66	113.12	94.13	75.68	57.74	40.32	23.38	6.93
	22.5	156.23	135.90	116.14	96.94	78.28	60.15	42.53	25.41	8.78
	23.0	159.70	139.14	119.16	99.75	80.88	62.55	44.75	27.45	10.64
	23.5	163.17	142.38	122.18	102.55	83.48	64.96	46.96	29.48	12.5
	24.0	166.64	145.62	125.36	105.36	86.09	67.37	49.18	31.51	14.35
	24.5	170.12	148.87	128.22	108.17	88.69	69.77	51.39	33.56	16.21
	25.0	173.59	152.11	131.24	110.98	91.29	72.18	53.61	35.58	18.07
	25.5	177.06	155.35	134.26	113.79	93.90	74.58	55.83	37.61	19.93
	26.0	180.53	158.59	137.29	116.59	96.99	76.99	58.04	39.65	21.78
	26.5	184.00	161.83	140.31	119.40	99.10	79.39	60.26	41.68	23.64
	27.0	187.47	165.08	143.33	122.21	101.71	81.80	62.47	43.71	25.50
0.22	22.0	151.43	131.28	111.71	92.69	74.22	56.28	38.85	21.28	5.49
	22.5	154.88	134.49	114.70	95.48	76.79	58.65	41.03	23.93	7.31
	23.0	158.32	137.71	117.69	98.24	79.36	61.02	43.22	25.92	9.13
	23.5	161.76	140.92	120.67	101.02	81.93	63.39	45.40	27.92	10.96
	24.0	165.20	144.13	123.66	103.79	84.50	65.77	47.58	29.92	12.78
	24.5	168.64	147.34	126.65	106.57	87.07	68.14	49.76	31.92	14.60
	25.0	172.08	150.55	129.64	109.34	89.64	70.51	51.94	33.92	16.42
	25.5	175.53	153.76	132.63	112.12	92.21	72.88	54.12	35.91	18.24
	26.0	178.97	156.97	135.62	114.89	94.78	75.25	56.30	37.91	20.06
	26.5	182.41	160.18	138.61	117.67	97.34	77.62	58.48	39.91	21.89
	27.0	185.85	163.39	141.60	120.44	99.91	79.80	60.66	41.91	23.71

注：这里 t=10。

第三节　基于诉讼期权的弱专利价值

本节内生化了专利诉讼风险，给出了具有诉讼期权的弱专利自身价值，并且对其价值的影响因素进行了分析。

一　基于诉讼期权的专利价值评估模型和假设

商业化专利项目的投资是分阶段的，投资的总成本 K 和每个阶段的投资成本 I 都是不确定的：

$$dK = -Idt + \sigma\sqrt{IK}dz + \gamma Kdy \tag{2-32}$$

$$dI = \eta Idt + \varphi Idz$$

投资完成后，商业化专利产品的净现金流 Π_t 服从下面的几何布朗运动：

$$d\Pi_t = \alpha\Pi_t dt + \sigma\Pi_t dW_t \tag{2-33}$$

这里 α 是专利商业化利润流的风险调整漂移率，且 $\alpha < r$，r 是无风险利率。σ 是专利商业化利润流的瞬时波动率（即标准差），dW_t 是标准的布朗运动，用它来刻画专利商业化利润流的不确定性。商业化专利产品的初始净现金流 Π_0 是贷款投资量的函数，$\Pi_0 = af(L)$，其中 $f(\cdot)$ 是个单调递增的凹函数。

企业和银行在签订专利质押贷款合同之前，专利的有效性是不确定的，意味着它随时可能被潜在的科研机构起诉。如果科研机构向法院起诉，则胜诉的概率为 P，败诉的概率为 $1-P$。我们用诉讼成功的概率反映专利的质量，概率 P 越大，专利质量水平越低。如果胜诉，专利技术失去专有性，专利会在技术交易市场被拍卖清算，同时企业要向科研机构支付项目收益的 ξ 比例作为补偿，这个 ξ 通常由法院裁决，是已知常数，从某种意义上来说，法院所裁决的损失补偿比例也反映了政府专利保护的强度。关于诉讼成本有两种方式，一种是美式规则，即诉讼的当事双方各自支付律师的费用，另一种是欧式规则，即诉讼当事双方的律师费由败诉的一方支付。在本书中，我们采用美式规则，假设借款企业和潜在的科研机构的诉讼成本分别为 L_I 和 L_C。诉讼期权是个美式期权，潜在的科研机构可以在专利开发成功后到专利到期日前的任何时间挑战专利的有效性。它依据所观察到的商业化专利项目的市场销售情况（净现金流 Π_t 决定）、诉讼成本和专利拍卖价值等因素选择是否决定进行诉讼，使得自己的价值最大化。专利诉讼的期望收益如式(2-34)

所示：

$$V_C(\Pi_\tau) = P\xi\int_{t^*}^{\tau} e^{r(\tau-s)}\Pi_s ds - L_C \quad (2-34)$$

其中 $t^* \equiv \min\{\inf(t \geqslant 0 \mid K=0), T\}$ 是商业化专利项目开发完成产生现金流的时间。记最优的诉讼时间为 τ^*，$\tau^* = \inf\{t: \Pi_t^* < \Pi_t\}$。在诉讼时间 τ，对于 $t \leqslant \tau$ 时间内现金流的信息是已知的。在时间 t（$t^* < t \leqslant T_p$），潜在的科研机构通过选择最优的诉讼时间来最大化自己的期望收益。专利诉讼期权的价值的解是：

$$F_C(\Pi_{\tau^*}) = \sup_{\tau \in [t^*, T_P]} E[e^{-r(\tau-t^*)}(V_C(\Pi_\tau) - L_C)^+]$$
$$= E[e^{-r(\tau^*-t^*)}(V_C(\Pi_{\tau^*}) - L_C)^+] \quad (2-35)$$

由于专利的保护期限是有限的，在专利到期日，由于技术进步加速、围绕设计或竞争加剧等多种因素的影响，净现金流通常下降很多。基于对现实的简化和避免增加问题的复杂性，这里我们假设专利到期后总的净现金流是专利到期日现金流 Π_{T_P} 的 ρ 倍，即专利的残值为 $\rho\Pi_{T_P}$。存在诉讼风险的情况下，在 t^* 时刻，项目价值是商业化专利项目利润流的期望贴现值和专利到期日的残值之和扣除专利诉讼期权的价值和额外的诉讼成本的现值，其表达式为：

$$V_I(\Pi_{t^*}, t^*) = E\left[\int_{t^*}^{T_P} e^{-r(s-t^*)}\Pi_s ds + \rho \Pi_{T_P} e^{-r(T_P-t^*)} \mid F_{t^*}\right] -$$
$$F_C(\Pi_{t^*}) - E[1_{\{\tau^* \leqslant T\}} e^{-r(\tau^*-t^*)}(L_I + L_C)] \quad (2-36)$$

商业化专利项目的投资是分阶段的，投资的总成本和每个阶段的投资成本都是不确定的，在投资的每一个时刻，企业都会比较未来的期望净现金流入和未来的期望总成本。当未来的期望现金流入不能够弥补未来的期望总成本时，企业会执行放弃期权退出商业化专利项目的开发。放弃开发项目，同时意味着以后将不会有利润流入，企业遭受的损失是过去的投资总投入，可以认为是沉没成本。因而在 $t=0$ 时，项目价值为：

$$V_I(\Pi_0, K_0, t=0) = \left\{e^{-rt^*} V_I(\Pi_{t^*}, t^*) - \int_0^{t^*} I_s e^{-rs} ds, 0\right\} \quad (2-37)$$

专利价值是受专利保护下项目价值与无专利保护下项目价值之

差。对于无专利保护下的项目，完成项目开发的成本同有专利保护下的项目是一样的，只是商业化专利项目开发完成后产生的净现金流是不同的。在本书的分析中，我们假设无专利保护下产生的净现金流占有专利保护下产生的净现金流的比例为 Q，并且服从如下的随机过程：

$$dQ=\mu Qdt+\delta Qdz \tag{2-38}$$

因而专利的价值为：

$$P=V_I^p-V_I^u \tag{2-39}$$

二　数值计算结果与分析

对有专利保护下 R&D 投资项目的价值评估仍然是实物期权定价领域里最有挑战性的任务，因为存在多种不确定性并且它们之间是相互影响的。在解决路径关联以及多因素期权定价问题上，传统的二叉树和有限差分定价方法已不再有效。Longstaff 和 Schwartz 提出的处理最优停时问题的最小二乘蒙特卡洛模拟（LSM）定价技术是一种非常有效的方法。关于专利诉讼风险的参数取值参考 Baecker，其他参数的取值范围参考 Ernst 等，如表 2－3 所示。

表 2－3　　　初始参数取值

参数	初始值
完成项目的总成本（K_0）	1.83
方差（σ^2，γ^2）	0.411
每年投资量（I_0）	0.52
（η）	0.02
方差（ϕ^2）	0.411
（Π_0）	0.8
漂移率（α）	0.02
方差（σ^2）	0.411
无专利保护下市场份额（Q_0）	0.45
漂移率（μ）	0.02
方差（δ^2）	0.411

参数	初始值
无风险利率（r）	0.093
专利到期后乘数因子（ρ）	3.5
专利长度（T）	17.5years
时间步长（Δt）	0.5year
诉讼成功的概率（P）	0.5
过去现金流补偿比例（ζ）	0.1
未来现金流补偿比例（θ）	0.5
在位创新者的诉讼成本（L_I）	5
挑战者的诉讼成本（L_C）	1
模拟次数（m）	10000

注：为了提高收敛性和降低方差，我们这里采用对偶变量控制技术。

在图 2－3 中，（a）和（b）表明有专利保护下的项目价值和无专利保护下的项目价值差别是比较大的。有专利保护下的项目价值的平均值为 2.7263，而无专利保护下的项目价值的平均值仅仅为 1.9142。价值为零或负的部分表明放弃期权执行的频率。其中价值为零意味着在投资开始时就放弃了项目，所以没有损失发生。无专利保护下的项目比有专利保护下的项目更有可能被放弃。对于有专利保护的项目和无专利保护的项目来说，项目价值是非负的概率都低于 50%，其中有专利保护的项目价值是非负的概率为 36.34%，远高于无专利保护的项目价值是非负的概率（19.08%）。但是，在无专利保护下放弃项目产生的损失要低于有专利保护下放弃项目产生的损失（67.8% vs. 47.2%）。无专利保护下的项目价值的最低值为 －12.4，而有专利保护下的项目价值的最低值为 －17.6，这意味着有专利保护的项目可能比无专利保护的项目产生更大的损失。因而，一个有专利保护的项目更有可能产生更多的收益，但是发生较大损失的可能性也较大；在有专利保护下的项目被放弃的可能性要小些，如果项目开发失败就会带来较大的损失。图 2－3（c）是专利价值分布，是有专利保护下的项目价值与无专利保护下的项目价值之差，专利价值的平均值为 0.8121。

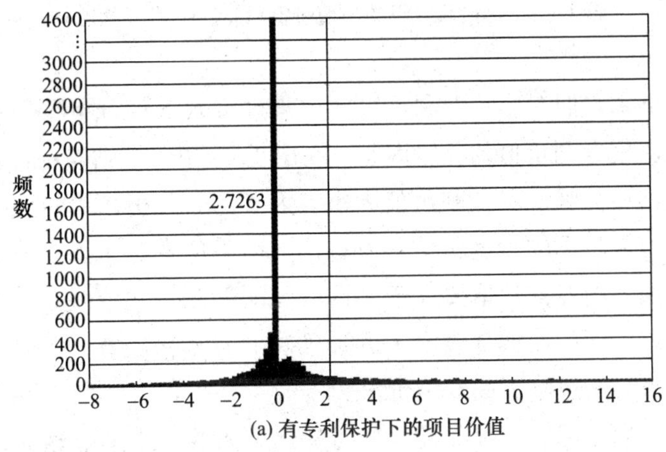

图 2－3　诉讼风险下的项目价值和专利价值

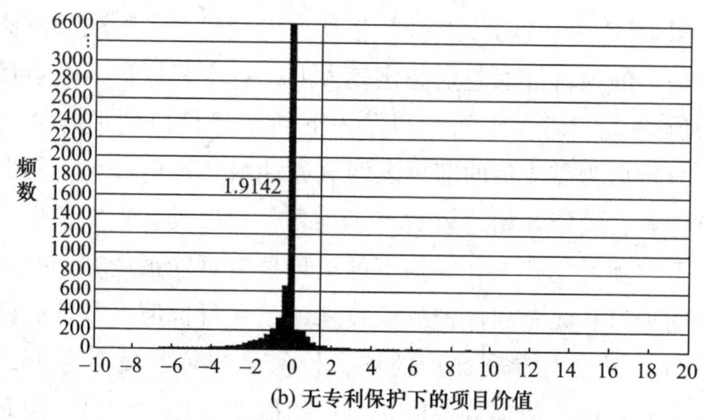

(b) 无专利保护下的项目价值

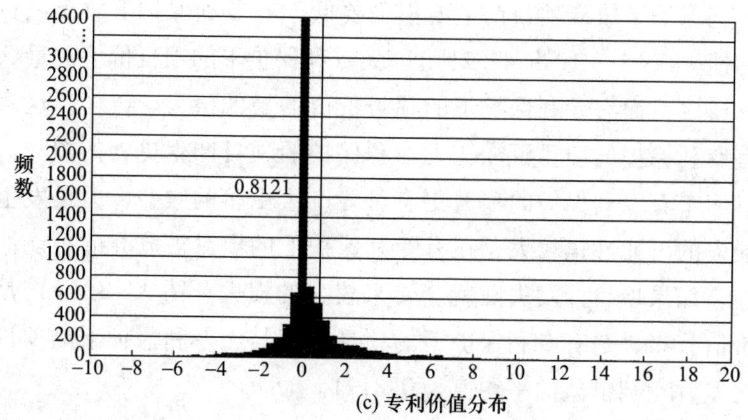

(c) 专利价值分布

图 2－3　诉讼风险下的项目价值和专利价值（续图）

接下来我们对影响专利价值的因素进行敏感性分析，研究哪些因素是决定专利价值的关键因素。在图 2－4 中，横轴表示各影响因素的大小，纵轴表示专利价值大小。为了比较分析，我们分别给出了无诉讼风险下的专利价值和有诉讼风险下的专利价值，显然，无诉讼风险下的专利价值要大于有诉讼风险下的专利价值。在下面的图形中，上面的曲线都表示无诉讼风险下的专利价值，下面的曲线都表示有诉讼风险下的专利价值。

商业化专利项目现金流参数的变化对无诉讼风险下和诉讼风险下专利价值的影响如图 2－4 所示。

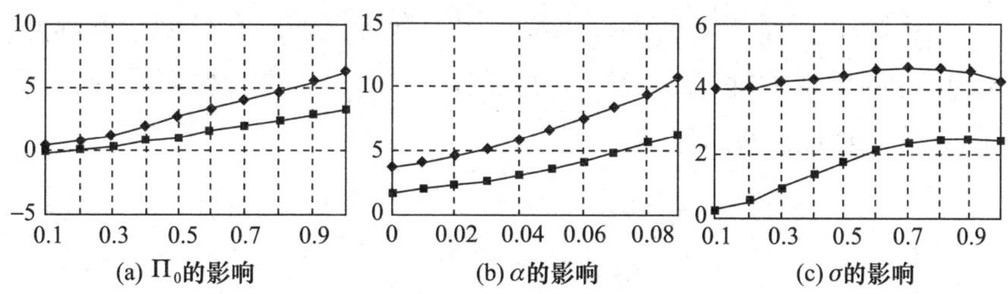

图2－4　现金流参数的敏感性分析

图2－4（a）表明无诉讼风险下的专利价值和有诉讼风险下的专利价值都随着商业化项目利润流 Π_0 的增加而增加。较高的项目利润流会产生较高的项目利润，但是也会导致诉讼期权执行的概率较大。图2－4（b）表明专利价值随着现金流的漂移率 α 的增大而增大。图2－4（c）表明专利价值随着现金流的波动率 σ 的增大而增大，无诉讼风险下的专利价值受 σ 的影响不大；而有诉讼风险下的专利价值受 σ 的影响比较大。

图2－5给出了专利到期日的乘数因子和专利长度的敏感性分析。专利到期日的乘数因子对无诉讼风险下的专利价值和有诉讼风险下的专利价值基本没有什么影响，因为它对有专利保护下的项目价值和无专利保护下的项目价值的影响是一样的，因而相互抵消了。随着专利长度的增加，专利价值呈递增趋势。所以，专利长度越长，专利价值越大。专利长度对诉讼风险下专利价值的影响要显著大于对无诉讼风险下专利价值的影响。

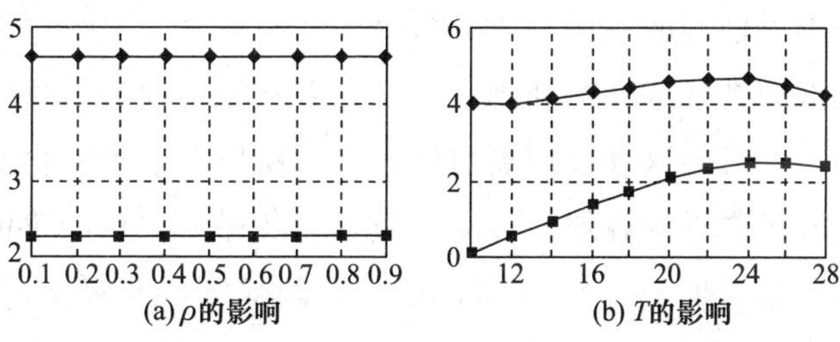

图2－5　专利到期日的乘数因子和专利长度的敏感性分析

图 2－6 的结果表明诉讼风险下的专利价值随着在位创新者诉讼成本 L_I 的增加而递减，随着挑战者诉讼成本 L_C 的增加而增加，随着专利质量的递减而递减。

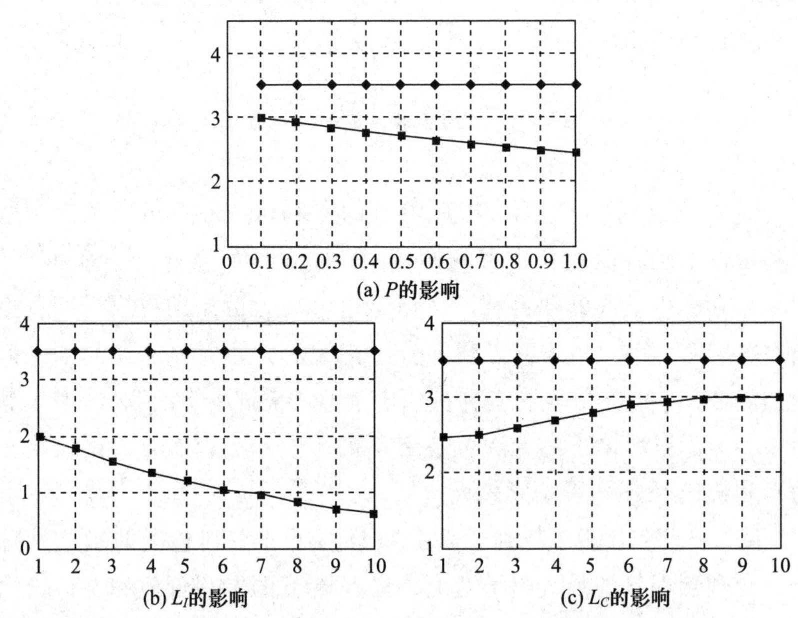

图 2－6　专利诉讼风险参数的敏感性分析

图 2－7 表示的是补偿比例的敏感性分析，两种补偿比例对专利价值的影响是相反的。在图 2－7（a）中，当过去损失补偿比例 ζ 增加时，不管是对于有专利保护的项目还是无专利保护的项目，挑战者执行诉讼期权的概率都大幅度增大。与此同时，放弃期权的最优停时大部分都推迟到专利到期日，有专利保护项目的这种效应比无专利保护项目的这种效应要更强一些；所以，这种变化对有专利保护项目的价值影响有限，但却使得无专利保护项目的价值下降很多。因而，过去损失补偿比例 ζ 越大，专利价值就越大。图 2－7（b）的数值模拟结果与图 2－7（a）的数值模拟结果截然相反。当未来补偿比例 θ 增加时，发生诉讼的可能性基本不会随之增大，但

是却使得很多诉讼提前实施；因为未来较大的利润空间，有专利保护项目的这种效应比无专利保护项目的这种效应要更强一些。因而随着未来补偿比例 θ 的增大，有专利保护项目的价值比无专利保护项目的价值下降得更快，所以专利价值随着未来补偿比例 θ 增加而减小。

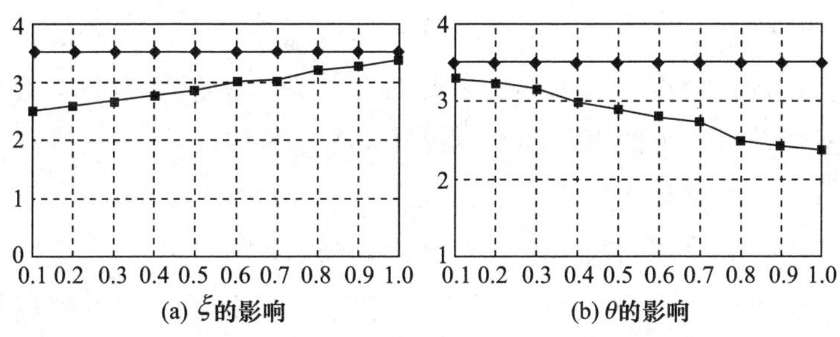

图 2－7　补偿比例的敏感性分析

第四节　弱专利许可收益价值

企业可以自行商业化开发专利，以商业化专利项目收益价值和专利质押物本身价值为贷款提供担保从银行获得贷款资金；也可以将专利技术作为经营资产对外进行许可，获得许可收益。在 $t=0$ 时，企业在以专利质押向银行贷款融资和专利许可之间进行权衡。当专利质押贷款的权益价值（即通过质押贷款融资来商业化专利项目产生的权益增加值）大于专利许可价值时，企业才会选择银行质押贷款融资方式来商业化专利项目，否则直接将专利许可出去比较划算。因此，在专利质押贷款的背景下，我们将专利许可价值作为企业的保留价值。银行在开展专利质押贷款业务时也要考虑到如果贷款利率较高，导致融资成本越大，那么企业许可专利技术的外部选择激励就越大，质押贷款协议就无法达成。

Triest 和 Vis 基于案例研究方法对一项成本减少型的专利技术进行定价，在定价过程中考虑了拥有这项专利技术带来的所有相关的现金流，专利价值由以下三项决定：①固定许可费用和比例抽成收入；②由专利带来的竞争性优势；③专利维持成本。指出找到这些相关的现金流方面的信息存在困难和挑战，因而在专利价值的评估过程中，离不开对技术、市场以及竞争者情况的全面把握。本节利用博弈论研究了诉讼风险下专利技术的最优许可合同并给出了专利的价值，并且分析了专利诉讼风险对专利许可价值的影响，为开展专利质押贷款业务的银行和企业提供了参考价值。

一　基本模型和假设

考虑一个“成本减少型”的外部创新者和两个生产完全同质耐用品的企业，记为 M，$M=\{1, 2\}$。在我们的分析中假设耐用品持续两期，如果消费者在第一期购买了耐用品，那么他或她在第二期将不会重复购买。假设市场的反需求函数为 $P=a-Q$，其中 a 为市场规模参数，P 为商品价格，Q 是总的市场需求量。又假定固定成本为0，接受许可前的边际成本为 c，且 $0<c\leqslant\frac{2a}{5}$（不考虑产量为负的情况）。本模型暂不考虑折现和时间问题，故并不包含时间 t 和折现率 r 变量。

创新者试图把自己的技术许可给两家耐用品生产企业。创新的大小为 ε，且 $0<\varepsilon\leqslant c$。对于外部创新者来说，由于他不进行生产，所以他唯一的收入来源是许可收益，它的大小与许可合同的形式密切相关。但是许可时存在专利诉讼风险，如果一个没有接受许可合同的企业挑战专利的有效性，对专利进行诉讼，法院判决专利有效的概率为 θ，一旦企业诉讼成功，两家企业都可以免费使用这项新技术，因而创新者得到的收益为0。所以创新者在作许可收益最大化的决策时，必须考虑专利诉讼风险。

创新者和生产企业之间的许可互动关系可以被构建为三阶段的博弈模型。第一阶段，创新者提供一个许可合同。第二阶段，两家公司同时决定是接受还是拒绝许可合同。但在存在专利诉讼风险的情况下，拒绝许可合同的企业还可以挑战专利的有效性，即对专利进行诉讼。如果挑战成功法院判决专利无效，两家企业都可以免费地使用这项新技术；如果挑战失败法院判决专利有效，那么拒绝许可合同挑战专利有效性的企业仍使用旧技术进行生产，而接受许可合同的另一家企业支付给创新者许可费用使用新技术进行生产。第三阶段，两家生产企业进行产量竞争，决定第一期和第二期的产量，使各自的利润最大化。

二　固定费用与比例抽成许可

创新者唯一的回报是把许可卖给生产企业所得到的收益。如果拒绝许可合同的企业挑战成功，那么创新者一无所获。站在创新者的角度，我们把最优的许可合同定义为使创新者的许可收益最大同时又不至于引发专利诉讼，所以他在制定许可合同时，必须权衡生产企业挑战专利有效性引发专利诉讼的期望利润和生产企业接受许可合同的净利润之间的得失。在这个三阶段的博弈模型中，有三种许可合同形式供创新者选择：固定费用方式（fixed fee），比例抽成费用方式（royalty）或者是二者的线性组合形式（两部制）。下面我们将分别考虑这三种许可合同形式，并且采用向后递归法寻求每种合同形式下的博弈均衡。

本书关于耐用品的两期产量决策，借鉴 Poddar 的分析框架，他研究了在一个耐用品的双寡头市场结构下，销售占优于出租，所以我们不考虑出租耐用品的情况。我们分析了一个同时行动的博弈，两家生产企业进行产量竞争，决定第一期和第二期的产量，使各自的利润最大化。解博弈的第一步是构造每个企业的利润函数。在 t 期（$t=1, 2$）企业 M 的产量和商品的市场价格分别为 $q_t^M(c_1, c_2)$，$P_t(c_1, c_2)$，其中 c_1、c_2 分别是企业 1 和企业 2 的边际生产成本。

假设第一期的产量为 q_1^M，企业 M 在第二期的利润函数为 $\pi_2^M = [P_2 - c_M] q_2^M$，其中 $P_2 = (a - q_1^1 - q_1^2) - (q_2^1 + q_2^2)$。企业 1 和企业 2 设定 q_2^M 最大化 π_2^M，其最优反应函数为：

$$q_2^1 = (a - q_1^1 - q_1^2 + c_2 - 2c_1)/3$$

$$q_2^2=(a-q_1^1-q_1^2+c_1-2c_2)/3 \quad (2-40)$$

把 q_2^1 和 q_2^2 的值代入 P_2，得到：

$$P_2=(a-q_1^1-q_1^2+c_1+c_2)/3 \quad (2-41)$$

下面考察第一期时的产量决策。在第一期商品的市场价格：

$$P_1=(a-q_1^1-q_1^2)+P_2=4(a-q_1^1-q_1^2)/3+(c_1+c_2)/3 \quad (2-42)$$

企业 M 第一期和第二期的利润之和为：

$$\pi_{1+2}^M=[P_1-c_M]q_1^M+(q_2^M)^2 \quad (2-43)$$

企业 1 和企业 2 分别设定 q_1^1、q_1^2 最大化 π_{1+2}^M，其最优反应函数为：

$$q_1^1=(20a+7c_2-9c_1)/64$$

$$q_1^2=(20a+7c_1-9c_2)/64$$

$$P_1=(4a+3c_1+3c_2)/8 \quad (2-44)$$

把式（2-44）代入式（2-40）得：

$$q_2^1=(4a+11c_2-21c_1)/32$$

$$q_2^2=(4a+11c_1-21c_2)/32$$

$$P_2=(4a+11c_1+11c_2)/32 \quad (2-45)$$

同时，有如下一般性的假设：①企业的均衡产量和利润关于自己的边际成本是递减的；②企业的均衡产量和利润关于竞争对手的边际成本是非递减的；③如果企业的边际成本相等，那么均衡的产量和利润是关于边际成本递减的。

在一个对称的均衡中，我们只用考虑一个企业的利润，假设为企业 1，它的利润记为 $\pi_t(c_1, c_2)$，其中 $t=1, 2, 1+2$。

在固定费用方式下，接受许可合同的企业的边际成本为 $c-\varepsilon$，假设另一家企业即企业 2 已经接受了许可合同。当且仅当作为一个被许可者的收益不低于引发专利诉讼的期望收益时，企业 1 才会接受许可合同。如果企业 1 挑战专利的有效性引发专利诉讼，法院判决专利有效的概率为 θ，则企业 1 的收益为 $\pi_{1+2}(c, c-\varepsilon)$；同时以 $1-\theta$ 的概率，专利被判为无效，则企业 1 的收益为 $\pi_{1+2}(c-\varepsilon, c-\varepsilon)$。因而企业 1 引发专利诉讼的期望收益为 $\theta\pi_{1+2}(c, c-\varepsilon)+(1-$

$\theta)\pi_{1+2}(c-\varepsilon,\ c-\varepsilon)$。但是如果企业 1 接受许可合同，它的收益为 $\pi_{1+2}(c-\varepsilon,\ c-\varepsilon)-F^f$（从现在起，上标 f 被用于表示固定费用合同，上标 r 被用于表示比例抽成费用合同，上标 fr 被用于表示两部制合同）。站在创新者的角度，他会设定最大的 F^f 值，使两家企业都接受许可，从而避免引发专利诉讼，这个最大的固定费用如式（2-46）所示：

$$F^f(\theta)=\pi_{1+2}(c-\varepsilon,\ c-\varepsilon)-[\theta\pi_{1+2}(c,\ c-\varepsilon)+(1-\theta)\pi_{1+2}(c-\varepsilon,\ c-\varepsilon)] \quad (2-46)$$

化简后为 $\theta[\pi_{1+2}(c-\varepsilon,\ c-\varepsilon)-\pi_{1+2}(c,\ c-\varepsilon)]$，即企业 1 接受许可前后的收益之差，再乘以专利强度 θ。如果是确定性专利的许可($\theta=1$)，那么固定费用就是企业 1 接受许可前后的收益之差。创新者的许可收益 $L^f(\theta)=2F^f(\theta)$，与专利强度 θ 是线性关系，并且随着专利强度 θ 的增加而增加。

在按比例抽成的技术许可下，创新者收取的许可费用以被许可方的产量提成。设抽成比例为 s，则被许可方的边际成本为 $c-\varepsilon+s$ $(0\leqslant s\leqslant\varepsilon)$。则企业 1 拒绝许可引发专利诉讼的期望收益为 $\theta\pi_{1+2}(c,\ c-\varepsilon+s)+(1-\theta)\pi_{1+2}(c-\varepsilon,\ c-\varepsilon)$，而它接受比例抽成的许可合同的收益为 $\pi_{1+2}(c-\varepsilon+s,\ c-\varepsilon+s)$。当且仅当作为一个被许可者的收益不低于引发专利诉讼的期望收益时，企业 1 才会接受许可合同，即有不等式(2-47)成立：

$$\pi_{1+2}(c-\varepsilon+s,\ c-\varepsilon+s)\geqslant\theta\pi_{1+2}(c,\ c-\varepsilon+s)+(1-\theta)\pi_{1+2}(c-\varepsilon,\ c-\varepsilon) \quad (2-47)$$

站在创新者的角度，均衡的许可合同应该使得两家企业都接受许可避免专利诉讼的发生。那么创新者的许可收益为：

$$L^r(s)=s[q_{1+2}^1(c-\varepsilon+s,\ c-\varepsilon+s)+q_{1+2}^2(c-\varepsilon+s,\ c-\varepsilon+s)] \quad (2-48)$$

如何确定最优的抽成比例，变成了一个求如下规划问题的最优解：

$$\max_s L^r(s)=s[q_{1+2}^1(c-\varepsilon+s,\ c-\varepsilon+s)+q_{1+2}^2(c-\varepsilon+s,\ c-\varepsilon+s)] \quad (2-49)$$

$$\text{s.t.}\begin{cases}0\leqslant s\leqslant\varepsilon\\ \pi_{1+2}(c-\varepsilon+s,\ c-\varepsilon+s)\geqslant\theta\pi_{1+2}(c,\ c-\varepsilon+s)+\\ \quad(1-\theta)\pi_{1+2}(c-\varepsilon,\ c-\varepsilon)\end{cases}\quad(2-50)$$

其中 $q_{1+2}^M=q_1^M+q_2^M$，把 $c_1=c_2=c-\varepsilon+s$ 代入式（2－44）和式（2－44），可以很容易地计算出下面的结果：在区间 $0\leqslant s\leqslant\varepsilon$ 内，$L'(s)$ 关于 s 是递增的。但是，在存在专利诉讼风险的情况下，根据假设 2 和假设 3，抽成比例越大，引发专利诉讼对企业 1 越有吸引力。所以创新者在约束条件（11）的限制下设定最大的抽成比例。我们定义 $s=s(\theta)$ 是等式（2－51）的解：

$$\pi_{1+2}(c-\varepsilon+s,\ c-\varepsilon+s)=\theta\pi_{1+2}(c,\ c-\varepsilon+s)+(1-\theta)\pi_{1+2}(c-\varepsilon,\ c-\varepsilon)\quad(2-51)$$

命题 1　$s(\theta)$ 是最优的抽成比例，一方面不会引发专利诉讼，另一方面又可使创新者的收益最大化。

证明： 定义 $s=s'(\theta)$ 是下面不等式的解：

$\pi_{1+2}(c-\varepsilon+s,\ c-\varepsilon+s)>\theta\pi_{1+2}(c,\ c-\varepsilon+s)+(1-\theta)\pi_{1+2}(c-\varepsilon,\ c-\varepsilon)$，即

$$\pi_{1+2}(c-\varepsilon+s'(\theta),\ c-\varepsilon+s'(\theta))>\theta\pi_{1+2}(c,\ c-\varepsilon+s'(\theta))+(1-\theta)\pi_{1+2}(c-\varepsilon,\ c-\varepsilon)\quad(a)$$

并且根据 $s(\theta)$ 的定义有：

$$\pi_{1+2}(c-\varepsilon+s(\theta),\ c-\varepsilon+s(\theta))=\theta\pi_{1+2}(c,\ c-\varepsilon+s(\theta))+(1-\theta)\pi_{1+2}(c-\varepsilon,\ c-\varepsilon)$$

假设 $s'(\theta)>s(\theta)$，根据假设 2 和假设 3，可以得到如下结果：

$\pi_{1+2}(c-\varepsilon+s'(\theta),\ c-\varepsilon+s'(\theta))<\pi_{1+2}(c-\varepsilon+s(\theta),\ c-\varepsilon+s(\theta))$ 和 $\theta\pi_{1+2}(c,\ c-\varepsilon+s'(\theta))>\theta\pi_{1+2}(c,\ c-\varepsilon+s(\theta))$，进而有：

$\theta\pi_{1+2}(c,\ c-\varepsilon+s'(\theta))+(1-\theta)\pi_{1+2}(c-\varepsilon,\ c-\varepsilon)>\pi_{1+2}(c-\varepsilon+s'(\theta),\ c-\varepsilon+s'(\theta))$，同 (a) 矛盾，所以有 $s'(\theta)\leqslant s(\theta)$。

命题 2　在比例抽成的技术许可下，最优的抽成比例 $s(\theta)$ 在区间 $0\leqslant s\leqslant\varepsilon$ 内，具有如下的性质：（ⅰ）$s(\theta)$ 关于 θ 在区间 $[0,\ 1]$ 内是递增的；（ⅱ）$s(0)=0$ 和 $s(1)=\varepsilon$。

证明： 在 $\theta \in [0, 1]$ 和 $s(\theta) \in [0, \varepsilon]$ 内，我们定义如下函数关系：

$f(s, \theta) = \pi_{1+2}(c-\varepsilon+s, c-\varepsilon+s) - \theta\pi_{1+2}(c, c-\varepsilon+s) - (1-\theta)\pi_{1+2}(c-\varepsilon, c-\varepsilon)$

根据假设 2 和假设 3，它是连续的并且关于 s 是递减的。根据假设 1 和假设 3：

$$f(0, \theta) = \theta[\pi_{1+2}(c-\varepsilon, c-\varepsilon) - \pi_{1+2}(c, c-\varepsilon)] > 0$$

$$f(\varepsilon, \theta) = (1-\theta)[\pi_{1+2}(c, c) - \pi_{1+2}(c-\varepsilon, c-\varepsilon)] < 0$$

按照零点定理，在区间 $(0, \varepsilon)$ 内，必定存在一个解使得等式 $f(s, \theta) = 0$，记这个解为 $s(\theta)$，对这个等式两边关于 θ 求一阶导数得：

$$s'(\theta) \equiv \frac{\mathrm{d}s(\theta)}{\mathrm{d}\theta}, = \frac{\pi_{1+2}(c, c-\varepsilon+s(\theta)) - \pi_{1+2}(c-\varepsilon, c-\varepsilon)}{\mathrm{d}\pi_{1+2}(c-\varepsilon+s(\theta), c-\varepsilon+s(\theta))/ds - \theta d\pi_{1+2}(c, c-\varepsilon+s(\theta))/ds}$$

因为 $\mathrm{d}\pi_{1+2}(c-\varepsilon+s(\theta), c-\varepsilon+s(\theta))/ds - \theta d\pi_{1+2}(c, c-\varepsilon+s(\theta))/ds < 0$（基于假设 2 和假设 3），并且 $\pi_{1+2}(c, c-\varepsilon+s(\theta)) - \pi_{1+2}(c-\varepsilon, c-\varepsilon) < 0$，所以我们得到 $s'(\theta) > 0$。把 $\theta = 0$ 和 $\theta = 1$ 代入等式 $f(s, \theta) = 0$，可以得到 $s(0) = 0$，$s(1) = \varepsilon$。

推论 1　创新者的许可收益 $L^r(s(\theta))$ 关于专利强度 θ 是递增的。

证明： $\frac{dL^r(s(\theta))}{d\theta} = \left[\frac{dL^r(s)}{ds}\right]\left[\frac{ds(\theta)}{d\theta}\right]$，第一项和第二项的导数都是正的。

两部制许可 $[F^{fr}, \rho]$ 是最一般的许可方式。在两部制的许可下，企业 1 引发专利诉讼的期望收益为 $\theta\pi_{1+2}(c, c-\varepsilon+\rho) + (1-\theta)\pi_{1+2}(c-\varepsilon, c-\varepsilon)$，而它接受两部制许可的净收益为 $\pi_{1+2}(c-\varepsilon+\rho, c-\varepsilon+\rho) - F^{fr}$。对于给定的抽成比例 ρ，创新者会设定最大的固定费用以榨取尽可能多的生产者剩余同时又不至于引发专利诉讼。所以最大的 F^{fr} 由下式定义：

$F^{fr}(\theta) = \pi_{1+2}(c-\varepsilon+\rho, c-\varepsilon+\rho) - \theta\pi_{1+2}(c, c-\varepsilon+\rho) - (1-$

$\theta)\pi_{1+2}(c-\varepsilon,\ c-\varepsilon)$ (2-52)

下面考察创新者对许可合同的制定。站在创新者的角度，在最优的许可合同下，创新者的许可收益为：

$$L^{fr}(\rho,\ \theta)=2\rho q_{1+2}^{1}(c-\varepsilon+\rho,\ c-\varepsilon+\rho)+2\pi_{1+2}(c-\varepsilon+\rho,\ c-\varepsilon+\rho)-2[\theta\pi_{1+2}(c,\ c-\varepsilon+\rho)+(1-\theta)\pi_{1+2}(c-\varepsilon,\ c-\varepsilon)] \quad (2-53)$$

创新者的规划问题是确定最优的抽成比例 ρ，即 $\rho(\theta)=\underset{0\leqslant\rho\leqslant\varepsilon}{\mathrm{argmax}}\ L^{fr}(\rho,\ \theta)$。

为求解此规划问题，我们把创新者的许可收益分解为两部分，第一部分由下式表示：

$$B(\rho)=2\rho q_{1+2}^{1}(c-\varepsilon+\rho,\ c-\varepsilon+\rho)+2\pi_{1+2}(c-\varepsilon+\rho,\ c-\varepsilon+\rho) \quad (2-54)$$

它由被许可方支付的抽成费用和被许可方的生产利润构成。第二部分称作保留利润，即：

$$R(\rho,\ \theta)=2[\theta\pi_{1+2}(c,\ c-\varepsilon+\rho)+(1-\theta)\pi_{1+2}(c-\varepsilon,\ c-\varepsilon)] \quad (2-55)$$

所以等式 $L^{fr}(\rho,\ \theta)$ 可以写为：$L^{fr}(\rho,\ \theta)=B(\rho)-R(\rho,\ \theta)$。站在创新者的角度，如果均衡的许可合同使得两家企业都接受许可并且均衡时的抽成比例使 $B(\rho)$ 和 $R(\rho,\ \theta)$ 之差最大，那么这个合同就是最优的许可合同。

首先观察 $B(\rho)$ 的性质。把 $c_1=c_2=c-\varepsilon+\rho$ 分别代入式（2-43）、式（2-44）和式（2-45）计算得到：$\frac{dB(\rho)}{d\rho}\equiv B_{\rho}(\rho)>0$，$\frac{d^2B(\rho)}{d\rho^2}=B_{\rho\rho}(\rho)<0$。所以抽成比例 ρ 越大，$B(\rho)$ 越大（称作“正的效应”——基于创新者的角度）。

其次考察保留利润 $R(\rho,\ \theta)$，即企业 1 引发专利诉讼的期望收益乘以 2。根据假设 2，$R(\rho,\ \theta)$ 关于抽成比例 ρ 是递增的。所以抽成比例 ρ 越小，企业 1 的保留利润越小（称作“负的效应”——基于创新者的角度）。

所以创新者不能总是设定尽可能高的抽成比例，因为对潜在的被许可者来说，这会使外部选择—引发专利诉讼，比接受许可选择更有吸引力。创新者必须权衡这两种相反的效应得失。对于相对比较弱的专利（θ 比较小），正的效应占优于负的效应，创新者设定最大的抽成比例是最优的，即 $\rho(\theta)=\varepsilon$，但要向被许可者支付一笔固定费用 $F^{fr}(\theta)$ 作为补偿，因为 $F^{fr}(\theta)=-(1-\theta)[\pi_{1+2}(c-\varepsilon,c-\varepsilon)-\pi_{1+2}(c,c)]<0$。但是，随着专利强度的增加，负的效应开始变得显著，这种优势会消失。

现在我们可以刻画最优的两部制许可 $[F^{fr},\rho]$。定义 $t(\theta)$ 是等式 $B_\rho(\rho)=R_\rho(\rho,\theta)$ 关于 ρ 的解，且 $t(\theta)\in[0,\varepsilon]$。

命题3 存在一个阈值 $\theta^*\in$ [0，1] 使得：

$$\rho(\theta)=\begin{cases}\varepsilon & if\quad \theta\leqslant\theta^* \\ t(\theta) & if\quad \theta>\theta^*\end{cases}$$

其中固定费用 F^{fr}（θ）等于

$$F^{fr}(\theta)=\pi_{1+2}(c-\varepsilon+\rho(\theta),c-\varepsilon+\rho(\theta))-\theta\pi_{1+2}(c,c-\varepsilon+\rho(\theta))-(1-\theta)\pi_{1+2}(c-\varepsilon,c-\varepsilon)$$

证明：创新者的规划问题是确定最优的抽成比例 ρ，即

$$\rho(\theta)=\underset{0\leqslant\rho\leqslant\varepsilon}{\operatorname{argmax}}L^{rf}(\rho,\theta)=\underset{0\leqslant\rho\leqslant\varepsilon}{\operatorname{argmax}}(B(\rho)-R(\rho,\theta))$$

$$=\underset{0\leqslant\rho\leqslant\varepsilon}{\operatorname{argmax}}2\rho q_{1+2}(c-\varepsilon+\rho,c-\varepsilon+\rho)+2\pi_{1+2}(c-\varepsilon+\rho,c-\varepsilon+\rho)-2[\theta\pi_{1+2}(c,c-\varepsilon+\rho)+(1-\theta)\pi_{1+2}(c-\varepsilon,c-\varepsilon)]$$

在无约束条件下，$L^{fr}(\rho,\theta)$ 最大化的解为 $t(\theta)$。但是 $0\leqslant\rho(\theta)\leqslant\varepsilon$，所以规划问题的解为 $\rho(\theta)=\min\{\varepsilon,t(\theta)\}$。$t(\theta)$ 的解析解为：

$$t(\theta)=\frac{[136a-68(c-\varepsilon)-132a\theta+130c\theta+163\varepsilon\theta]}{(244+163\theta)},\quad dt(\theta)/d\theta<0。$$

因为 $t(\theta)$ 关于 θ 是递减的，所以存在一个阈值 $\theta^*\in[0,1]$ 使得：

$$\rho(\theta)=\begin{cases}\varepsilon & if\quad \theta\leqslant\theta^* \\ t(\theta) & if\quad \theta>\theta^*\end{cases}\tag{2-56}$$

再把 $\rho(\theta)$ 代入式(2-52)得到 $F^{fr}(\theta)$。

推论 2 创新者的许可收益 $L^{fr}(\rho(\theta),\ \theta)$ 关于专利强度 θ 是递增的。

证明： $L^{fr}(\rho(\theta),\ \theta) \equiv \max L^{fr}(\rho,\ \theta)$，使用包络定理得到：

$$\frac{dL^{fr}(\rho(\theta),\ \theta)}{d\theta} = \frac{\partial\ L^{fr}(\rho,\ \theta)}{\partial\ \theta} = 2[\pi_{1+2}(c-\varepsilon,\ c-\varepsilon) - \pi_{1+2}(c,\ c-\varepsilon+\rho)] > 0$$

三 最优的许可合同和“弱”专利的价值

接下来我们使用数值例子来比较三种不同的许可方式，并找到最优的许可方式，即使创新者的许可收益最大。主要分析专利强度 θ 的变化是如何影响创新者的许可收益和均衡的许可合同。

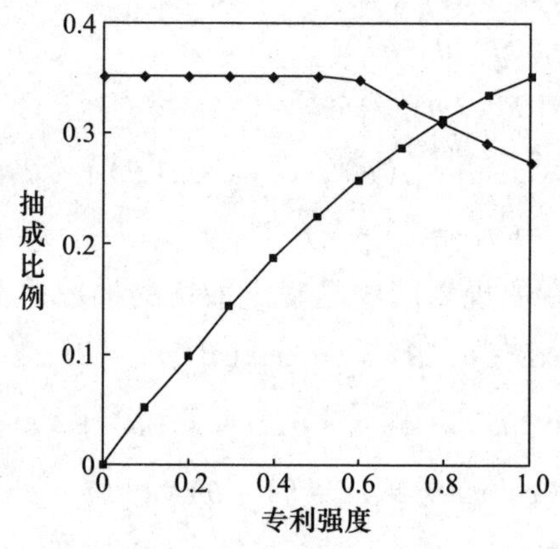

图 2－8 抽成比例

图 2－8 点线表示两部制下的抽成比例大小，实线表示比例抽成技术许可下的抽成比例大小。参数取值为 $\frac{c}{a}=0.4$，$\frac{\varepsilon}{a}=0.38$。描述了在不同的许可方式下最优的抽成比例的特征。在两部制的许可方式下，存在一个阈值，θ 低于这个阈值时，最优的抽成比例不随专利强度而变化；θ 高于这个阈值时，随着专利强度的递增，最优的抽成比例是递减的。在比例抽成的技术许可下，最优的抽成比例是随着专利强度严格递增的。图 2－9 点线表示两部制下的固定费用大

小，虚线表示固定费用许可方式下固定费用大小。参数取值为$\frac{c}{a}=0.4$，$\frac{\varepsilon}{a}=0.38$可以看出：在固定费用许可方式下，固定费用与专利强度成正比例关系。在两部制的许可方式下，对于相对比较弱的专利，固定费用是负的，即许可者向被许可者支付一笔固定费用作为设定高的抽成比例的一个补偿。

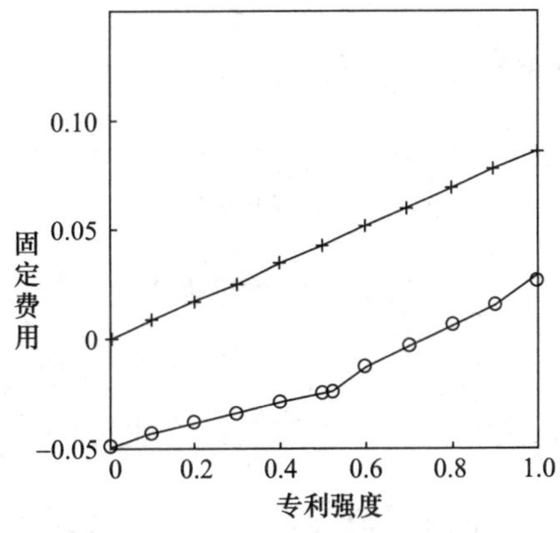

图 2－9　固定费用

图 2－10 许可收益，虚线表示固定费用许可方式下的许可收益，实线表示比例抽成许可方式下的许可收益，点线表示两部制下的许可收益。参数取值为$\frac{c}{a}=0.4$，$\frac{\varepsilon}{a}=0.35$。

为了找到存在专利诉讼风险时最优的许可合同，站在创新者的角度，我们需要比较不同的许可方式下许可收益的大小。由于计算的复杂性，我们采用数值分析的方法，结果见图 2－10。

从图 2－10 可以看出，不管采用哪种许可方式，创新者的许可收益都是随着专利强度 θ 递增的。而且，两部制下的许可收益高于其他两种许可方式，但是这种差别随着专利强度的增加在缩小。尤其对于比较强的专利，比例抽成方式和两部制下的许可收益几乎差不多。所以，站在创新者的角度，两部制的许可方式是最优的，尤其对于比较弱的专利，这种优势更明显。

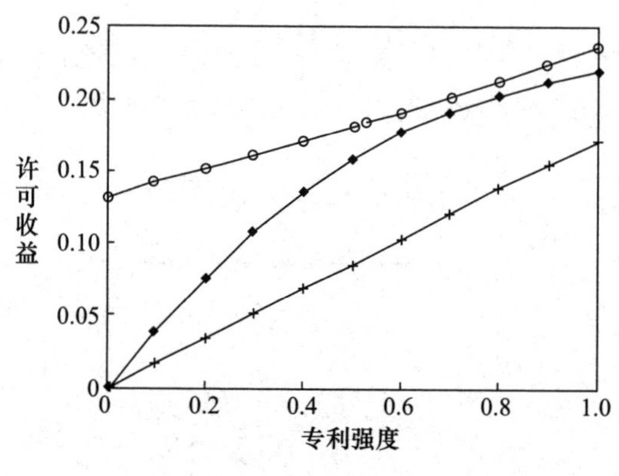

图 2－10　许可收益

为了考察参数值的变化是否对结论产生影响，我们允许$\frac{c}{a}$和$\frac{\varepsilon}{a}$在一个合理的区间内变化，但满足假设：$0<c\leqslant\varepsilon$，$\frac{c}{a}\leqslant 0.4$。结果表明与上述结论一致，通过参数的稳健性检验。

第五节　本章小结

在本章中，我们明确区分了商业化专利技术项目的价值与弱专利技术自身的价值，并且专利（项目）的价值还与其实施转化方式有关，因而表现出不同的价值实现方式，如商业化专利项目价值、专利自身价值、专利许可收益价值和专利拍卖价值（专利清算价值）等。在实际应用中，我们要根据具体问题和不同的研究目的，选择相应的价值类型。基于实物期权和博弈论分析方法和理论，我们对专利质押贷款中可能涉及的上述不同的价值形式分别进行了研究，为开展专利质押贷款融资的借款企业和银行在利益权衡的过程中提供重要的参考依据。分析结果表明，专利在不同实现方式下的价值大小总是与其利润流和专利长度是正相关的，与诉讼风险是负相关的；其中诉讼风险是影响上述价值大小的关键因素，法律诉讼风险的存在显著降低了专利在不同实现方式下的价值大小。

第三章　弱专利质押贷款期权定价分析模型

在第二章专利（项目）价值评估及影响因素研究的基础上，本章把期权定价的思想和方法应用到弱专利质押贷款问题研究中。一份质押贷款合同中包含了两个基本的期权：违约期权（default）和提前付款期权（prepayment）。银行为了保证获得一个正常的回报，设定质押贷款利率时必须考虑借款企业执行这些期权可能带来的影响。此外，对于借款企业和银行来说，质押贷款的价值有不同的意义。对于借款企业来说，质押贷款是负债，其持有的提前付款期权和违约期权在于使负债价值最小化。而对于银行来说，质押贷款是资产，因此银行要承担借款企业执行期权的损失。实物期权方法是以期权的概念来定义的时机选择权，是一种结合了管理柔性和战略决策的分析问题的方法，把握了决策过程中的各种机会和权利的价值。因而，在分析借款企业在质押贷款中的各种行为决策以及对价值产生的影响时，专利质押贷款期权分析模型比传统的专利质押贷款模型更加符合现实、更加科学。

第一节　弱专利质押贷款期权定价的基本模型

本书考虑一个涉及科技型中小企业（借款者）、储蓄者和银行（贷款者）的风险中性经济体。储蓄者除了提供资金外不扮演任何其他的角色，银行需要为资金支付无风险利率 r，r 为贷款资金的机会成本。企业没有足够的资金对专利进行商业化开发，假设企业只能通过银行贷款获得所需的信贷资金，相对于大企业，中小企业发行股票和债券进行融资通常受到种种限制。同时科技型中小企业有技术，但资本薄弱，缺乏有形资产作为抵押物，只能用项目所依赖的专利技术进行质押获得银行贷款。银行提供的贷款合同条款为L、R、T，L是贷款数，R是贷款利率，并且$R>r$，T是贷款期限，也是专利质押期限（指专利权质押起始日至终止日的时间间隔），贷款到期的账面价值为F_T，所有贷款都只有两期（贷款发放日和贷款到期日），暂不考虑分期付款，在下一章中会采用分期付款方式分析。专利有效期为T_P，假设$T_P>T$①。在贷款到期日，如果企业无力归还贷款，银行将获得项目收益价值和专利质押物价值。

专利价值是受专利保护下的项目价值与无专利保护下项目价值之差，这里我们采用第二章第三节基于诉讼期权的“弱”专利价值评估方法。

专利技术必须与专业知识、相应的生产设备和销售渠道相结合才能产生较高的利润流，单独的一项专利技术并不能带来稳定和较高的利润流。所以专利对于银行的价值要小于专利对于企业的价值，这是因为专利技术能给企业生产经营带来超额利润，同时企业还可以把专利许可给竞争对手获得不菲的许可费用，允许被许可人在一定的期限、范围内制造、使用、销售其专利产品或使用其专利方法。而银行不能对专利进行商业运作，只能通过技术交易市场对专利进行清算拍卖得到未收回贷款的价值补偿。因此在t时刻，专利对于企业的价值为P_t，对于银行的价值为$f(\Pi_t, T_P-t)$，即拍卖价值，这个函数是当前净利润流的增函数，$\frac{\partial f}{\partial}\Pi_t>0$，也是距离专利到期日的增函数，$\frac{\partial f}{\partial}(T_P-t)>0$。为了简单，我们假设：

---

① 2010年专利权质押期限不足一年的占总量的9%；达到一年不足两年的占总量的54.0%；达到两年不足三年的占总量的12%。专利权质押期限超过三年的仅占总量的9%。

$$f(\Pi_t,\ T_P - t) = \begin{cases} \rho\Pi_t(e^{\alpha(T_P - t)} + 1) & if\ t < T_P \\ \rho\Pi_{T_P} & if\ t = T_P \end{cases} \tag{3-1}$$

因为专利到期后失去保护，价值突然下跌，在到期日 T 时刻的价值不连续。ρ 能够体现专利技术产品的市场竞争程度和技术交易双方对专利价值评估的不对称程度。市场竞争越激烈，技术交易双方对专利价值评估的不对称程度越大，ρ 越小。

鉴于专利具有不同于固定资产和有形资产的独特性，比如专利技术的专业性、专利价值的波动性大和流动性差，以及我国的技术交易市场并不完善，相关的制度建设落后和交易成本高，在借款企业违约无法归还贷款的情况下，银行对质押的专利权进行变现的难度较大。在专利权质押贷款中，银行关注的不仅是质押的专利权最有可能实现的价值，而且也关注专利权的变现能力，在我国技术交易市场上，专利转让成功率仅在10%左右，银行最终无法获得任何清算价值的概率很大。假设在 t 时刻，专利在技术交易市场能够成功转让的概率为 δ，且有 $0 < \delta \leqslant 1$。

同时企业商业化专利项目的收益价值 V_t 为到 t 时刻为止的项目利润流在 t 时刻的期望贴现值，表达式如式（3-2）所示：

$$V_t = V(\Pi_t, t) = E\left[\int_{t^*}^{t} e^{r(t-s)}\Pi_s ds\right] \tag{3-2}$$

本章把期权定价的思想和方法应用到弱专利质押贷款定价问题中。一份质押贷款合同中包含了两个基本的期权：违约期权（defaultoption）和提前付款期权（prepaymentoption）。银行为了保证获得一个正常的回报，设定质押贷款利率时必须考虑借款企业执行这些期权可能带来的影响。

商业化专利项目的投资是分阶段的，投资的总成本和每个阶段的投资成本都是不确定的，在投资的每一个时刻，企业都会比较未来的期望净现金流入和未来的期望总成本。当未来的期望现金流入不能够弥补未来的期望总成本时，企业会执行放弃期权退出商业化专利项目的开发。放弃开发项目，同时意味着以后将不会有利润流入，企业遭受的损失是过去的投资总投入，可以认为是沉没成本，企业无力归还贷款而违约，银行损失全部本金和利息。虽然在质押贷款合同签订时，企业以项目本身进行担保的同时还以专利提供质押，以补偿银行无法收回贷款的损失，但在企业执行放弃期权退出项目开发的情况下，项目和专利价值为零，这也是专利等无形资产质押区别于传统的有形资产抵押贷款的重要特征之一，加大了银行的风险。

专利项目开发成功后，商业化专利项目的收益 V_t 超过 t 时刻需要支付给银行的总债务 $TD(t)$，那么企业就有归还贷款提前终止合同的激励。对银行而言，提前支付带来的是利息损失，需要对此风险进行控制或要求与风险匹配的补偿。提前付款期权是一个美式看涨期权，借款人在贷款合同到期前的任意时刻都有执行该期权的权力，现价为 V_t，执行价为 $TD(t)$。总债务 $TD(t)$ 包括应付给银行的本金和利息以及提前终止合同需要支付的罚金，记为 $TD(t)=F_t+\psi F_{T-t}$，其中 ψ 为罚金比例，越接近贷款到期日，提前终止合同需要支付的罚金就越少。

专利质押贷款的另一个主要风险来自借款人理性的违约行为。在质押贷款到期日，理性的借款人可能选择如约还款，或选择违约而不执行还贷义务，通过丧失专利质押物，以一物抵一物的方式来最小化自己的债。但是借款人违约是有成本的，银行对于借款者实行银行内部的终身制制度，一旦贷款成为违约贷款，则对借款者产生长期的不利影响，比如企业名誉的损失，再贷款的惩罚利率，都会增加将来贷款时的融资成本。大多数研究有形资产抵押的文献把违约成本设定为一个固定的常数或者是贷款账面价值的一个固定比例（如 Kau、Keenan and Kim）。这里我们假设违约成本为 κF_t，κ 为贷款账面价值的一个固定比例。如果在质押贷款到期日，潜在的第三方对专利进行诉讼成功的话，造成的借款企业产品市场份额降低、利润率下降，企业违约的可能性会增加。

在质押贷款到期日前，潜在的第三方执行专利诉讼期权会导致质押贷款合同提前终止，相对于前面借款人提前归还贷款导致质押贷款合同提前终止，我们称诉讼风险导致的合同终止为次最优的提前终止。在次最优提前终止贷款合同的情况下，基于成本最小原则，借款人会做出自己的最优选择：提前归还贷款或者违约。

在专利项目的各个阶段嵌套的期权如图 3－1 所示：

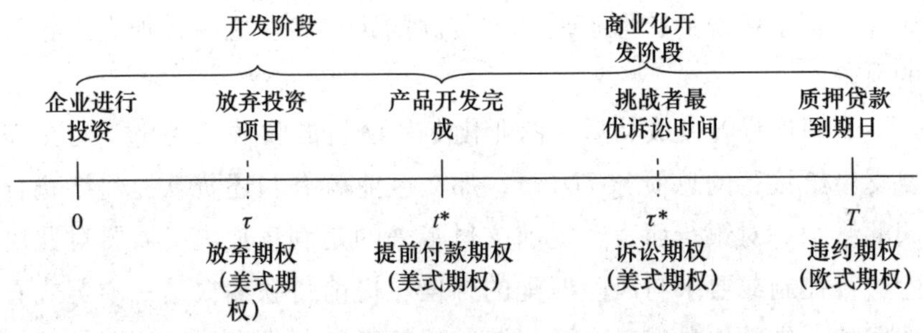

图 3－1　专利项目的各个阶段嵌套的期权

对于借款企业和银行来说，质押贷款的价值有不同的意义。对于借款企业来说，质押贷款是负债，其持有的提前付款期权和违约期权在于使负债价值最小化。而对于银行来说，质押贷款是资产，因此银行要承担借款企业执行期权的损失。如无特别说明，下文提到质押贷款的价值指质押贷款对于银行的价值。

专利质押贷款是银行（贷款人）的资产，借款人拥有的提前付款期权和违约期权的价值减小了质押贷款的价值，因此质押贷款对于企业的价值（负债价值）由三部分构成：贷款的账面价值 F_t、借款人提前支付期权和违约期权。这些期权的价值越大，质押贷款对于企业的价值（负债价值）就越小。但是，借款人不可能同时执行提前支付、违约或者继续执行还款三种还款行为，借款人会根据成本最小化来决定执行哪一种还款行为。如果借款人违约了，那么提前付款就不可能发生；同样地，如果借款人选择了提前付款，那么违约期权的价值就为 0。

在企业执行放弃期权退出商业化专利项目的开发时，没有任何现金流入，在违约与如约归还贷款之间，理性的借款人会选择违约，因此质押贷款对于企业的价值为：$V_B(\Pi_T,\ T)=\kappa F_t$。银行损失全部本金和利息，项目收益和质押的专利价值为零，因此质押贷款资产对于银行的价值为零。

在质押贷款到期日，借款人可能会选择违约或如约归还贷款来最小化自己的成本。在无专利诉讼或诉讼不成功的情况下，质押贷款对于企业的价值（负债价值）为：$V_B(\Pi_T, T)=\min(F_T, V_T+P_T+\kappa F_T)$。在专利诉讼成功的情况下，质押贷款对于企业的价值（负债价值）为：

$$V_B(\Pi_T, T)=\begin{cases}\min(F_T, (1-\xi)V_T+\kappa F_T) & \text{概率 } 1-\delta \\ \min(F_T, (1-\xi)V_T+f(\Pi_T, T_P-T)+\kappa F_T) & \text{概率 } \delta\end{cases} \tag{3-3}$$

在专利诉讼不成功或无专利诉讼发生时，若 $F_T<V_T+P_T+\kappa F_T$，则借款人继续还贷，保留对专利质押物的所有权，$V_B(\Pi_T, T)=F_T$；若 $F_T>V_T+P_T+\kappa F_T$，理性的借款者会选择违约而不执行还贷义务，专利质押物归银行所有，借款人损失项目收益，并且失去专利，同时遭受名誉损失，但抵销负债 F_T，借款人获利，$V_B(\Pi_T, T)=V_T+P_T+\kappa F_T$，称 $V_T+P_T+\kappa F_T$ 为借款人违约的总成本。借款人通过违约最小化了自己的负债。在专利诉讼成功的情况下，如果专利在技术交易市场能成功地拍卖，违约的总成本为 $(1-\xi)V_T+f(\Pi_T, T_P-T)+\kappa F_T$；如果拍卖失败，则违约的总成本为 $(1-\xi)V_T+\kappa F_T$。

如果在贷款到期日，贷款的账面价值 F_T 超过了违约的总成本，违约期权的价值为两者之差；否则，违约期权的价值为 0。在贷款到期日，提前付款对于借款人没有任何意义，因此提前付款期权的价值为 0。

在借款企业没有发生违约的情况下，质押贷款对于银行的价值为 $V_L(\Pi_T, T)=F_T$。在借款人违约以后，银行有权获得质押物（专利）的处置权。但是银行不能像企业那样对专利进行商业化运作得到项目利润流，只能通过技术交易市场对专利进行清算拍卖得到未收回贷款的价值补偿，清算价值为 $f(\Pi_t, T-t)$，同时存在转让失败的概率，因此质押贷款对于银行的价值为：

$$V_L(\Pi_T, T)=\begin{cases}\text{专利诉讼成功}\quad (1-\xi)V_T+f(\Pi_T, T_P-T) & \text{概率 } \delta \\ \qquad\qquad (1-\xi)V_T & \text{概率 } 1-\delta\end{cases}$$

$$\text{无专利诉讼或诉讼失败}\begin{cases} V_T + f(\Pi_T,\ T_P - T) & \text{概率 } \delta \\ V_T & \text{概率 } 1-\delta \end{cases} \tag{3-4}$$

在贷款到期日前的任意 t 时刻，如果潜在的第三方没有执行诉讼期权或者潜在的第三方诉讼失败时，借款人可以选择提前归还贷款终止合同或继续执行还款计划来最小化自己的负债。因此质押贷款对于企业的价值为：

$$V_B(\Pi_t,\ t) = \min(TD(t),\ V_B(\Pi_{t+1},\ t+1))\quad 0 \leqslant t < T \tag{3-5}$$

$$C(\Pi_t,\ t) = \begin{cases} C(\Pi_{t+1},\ t+1) & if V_B(\Pi_t,\ t) = V_B(\Pi_{t+1},\ t+1) \\ V_t - TD(t) & if V_B(\Pi_t,\ t) = TD(t) \end{cases}\quad 0 \leqslant t < T \tag{3-6}$$

此时质押贷款对于银行的价值等于对于企业的价值，即 $V_L(\Pi_t,\ t) = V_B(\Pi_t,\ t)$。

在贷款到期日前的任意 t 时刻，如果潜在的第三方成功地执行了专利诉讼期权，诉讼成功会导致质押贷款合同提前终止，基于成本最小原则，借款人选择如数归还贷款或者违约。当借款人贷款的账面价值超过了违约的总成本时，借款人会选择违约，违约期权的价值为两者之差；否则会选择不违约，归还银行贷款，违约期权的价值为0。如果专利在技术交易市场能成功地拍卖，违约的总成本为$(1-\xi)V_T + f(\Pi_T,\ T_P - T) + \kappa F_T$；如果拍卖失败，则违约的总成本为$(1-\xi)V_T + \kappa F_T$。因此质押贷款价值分别为：

$$V_B(\Pi_t,\ t) = \begin{cases} \min[F_t,\ (1-\xi)V_t + f(\Pi_t,\ T-t) + \kappa F_t] & \text{概率 } \delta \\ \min(F_t,\ (1-\xi)V_t + \kappa F_t) & \text{概率 } 1-\delta \end{cases} \tag{3-7}$$

$$V_L(\Pi_t,\ t) = \begin{cases} \text{当无违约时，} F_t & \text{概率 } 1-\delta \\ \text{当发生违约时，} \begin{cases} (1-\xi)V_t \\ (1-\xi)V_t + f(\Pi_t,\ T-t) \end{cases} & \text{概率 } \delta \end{cases} \tag{3-8}$$

第二节　专利质押贷款损失补偿价值

专利质押贷款业务本身所具有的风险要比传统贷款业务高出很多，作为无形资产，评估难，处置难，同时存在专利诉讼风险以及专利价值的时效性（随着时间推移，专利有效期不断缩短，按照假设的专利市场价值分布规律，专利市场价值会不断降低），因此专利权的质押就有更多风险。同时申请专利质押贷款的大部分是科技型中小企业，这类企业的产品市场不稳定性较大，企业违约的风险也就比较大。如果企业违约，可能是在贷款到期日，基于成本最小原则，理性地做出自己的最优选择，不归还银行贷款而违约；也可能是在贷款到期日前，发生外生因素（专利诉讼）导致质押贷款合同提前终止而违约，这两种情况都会使银行遭受一定的损失，因此在我们国家银行开展专利质押贷款业务的积极性并不高。为此政府实施了贷款风险补偿政策，设立专项资金，通过担保措施降低银行专利质押贷款的风险。这样的损失担保（IG）政策会提高商业银行开展这项业务的积极性，因为政府承担了专利质押贷款的一部分风险。IG 是这样一个合同：如果借款企业出现贷款违约，政府同意承担一部分损失（政府担当了保险人的角色）。损失担保（IG）合同与专利质押贷款合同本身、商业化专利项目的利润流和嵌套其中的期权是独立的，但是它的价值却依赖于质押贷款合同的绩效。损失担保（IG）的具体特征不是固定的，没有统一的标准，呈现地区差异，也取决于不同的企业以及合同签订时的经济环境。例如成都市政府每年从科技三项经费中拿出专项资金，用于对成都市银行机构发放的知识产权质押贷款提供担保支持。如果企业方出现贷款违约，科技局所属的生产力促进中心要承担损失的 90%，贷款银行承担损失的 10%。武汉东湖高新区为专利质押贷款造成本金损失的金融机构，补偿比例最高为实际发生损失的本金部分的 30%，单笔最高补偿 500 万元。这里，我们将会考虑损失担保政策的一些共同特征。在借款企业违约的情况下，如果已经实现的项目收益和专利清算价值之和高于借款企业应付的贷款价值，银行就能够收回全部贷款，余额返还给企业；否则银行将无法收回全部贷款而发生损失。银行遭受的损失为：

$$Loss(\Pi_T, T)=\begin{cases}\text{专利诉讼成功}\begin{cases}F_T-(1-\xi)V_T-f(\Pi_T, T_P-T) & \text{概率}\delta\\ F_T-(1-\xi)V_T & \text{概率}1-\delta\end{cases}\\ \text{无专利诉讼或诉讼失败}\begin{cases}F_T-V_T-f(\Pi_T, T_P-T) & \text{概率}\delta\\ F_T-V_T & \text{概率}1-\delta\end{cases}\end{cases}$$

(3-9)

$$Loss(\Pi_t, t)=\begin{cases}F_t-(1-\xi)V_t-f(\Pi_t, T-t) & \text{概率}\delta\\ & 0\leqslant t<T\\ F_t-(1-\xi)V_t & \text{概率}1-\delta\end{cases}$$

(3-10)

政府同意作为“担保人”，承担银行所遭受的总损失的比例为γ，但损失补偿的最大限额为Γ，如有超出部分，由银行自己承担。

在贷款到期日，如果质押贷款对于借款企业的价值等于贷款到期日的账面价值，即$V_B(\Pi_T, T)=F_T$，那么损失担保（IG）就没有价值；反之，如果借款企业认为违约是值得的，那么损失担保（IG）就是有价值的。所以在贷款到期日，损失担保（IG）对于银行的价值为：

$$IG(T)=\begin{cases}0 & \text{无违约}\\ \min(\gamma Loss(T), \Gamma) & \text{有违约}\end{cases} \quad (3-11)$$

在贷款到期日前的任意t时刻，损失担保（IG）对于银行的价值为：

$$IG(t)=\begin{cases}IG(t+1) & \text{无违约}\\ \min(\gamma Loss(t), \Gamma) & \text{有违约}\end{cases}, \quad 0\leqslant t<T \quad (3-12)$$

如果一个专利质押贷款合同有相关的损失担保（IG）政策，并且借款企业理性地选择了违约，损失担保（IG）对于银行是有价值的。相应地，损失担保（IG）对于借款企业没有任何意义，只有银行能从这个损失担保政策中受益。所以，在签订质押贷款合同后，理性的借款企业在最小化自己的成本时不会考虑损失担保（IG），它是一项分离的合同：即损失补偿会引起质押贷款对于银行的价值发生相应变化，但质押贷款对于借款企业的负债价值则不会受到影响。在考虑了损失担保（IG）后，质押贷款对于银行的价值为：

$$V_L^{IG}(\Pi_t,\ t) = V_L(\Pi_t,\ t) + IG(t) \qquad (3-13)$$

第三节　弱专利质押贷款的均衡分析

一　弱专利质押贷款合同的均衡条件

银行是风险中性和竞争的，对储蓄者提供的存款利率为 r，其作为从储蓄者汇集资金的金融中介，向企业提供贷款。假设银行拥有完全的讨价还价能力，处于卖方市场的优势地位，这与科技型中小企业融资困难的背景是相符的。

在贷款发放时，银行会向企业收取一笔不可收回的手续费。假设手续费为贷款数量的 η 比例。贷款手续费 η、提前付款罚金比例 ψ 和银行是否持有一个损失担保（IG）合同，在质押贷款合同签订时，都会详细地在合同中说明。并且在企业申请贷款时，银行会根据企业的融资需求、企业的现金流状况和专利质押物的价值等来确定授信额 $\hat{L}$。如果企业的贷款申请量超出授信额度，专利质押贷款就无法实现。

在质押贷款合同签订时，只有当借款企业和银行都认为合同是公平定价的时候，双方才会达成贷款协议。从金融的观点来看，就是合同条款的设计使得套利不存在。专利质押贷款对于银行的价值（包括损失担保（IG）的价值）V_L^{IG}（Π_0，0），等于企业的净贷款量（参考 Sharp，Newton and Duck）。因此专利质押贷款的均衡条件（无套利条件）为：

$$V_L(\Pi_0,\ 0) + IG(\Pi_0,\ 0) = (1-\eta)L \qquad (L \leqslant \hat{L}) \qquad (3-14)$$

均衡条件下的贷款合同利率是使式（3－14）成立的合同利率。

满足均衡条件的贷款合同利率在质押贷款定价问题中是一个非常重要的参数。如果定价合理，就会排除套利的可能性。这里我们使用数值迭代技术来找到使式（3－14）成立的均衡条件下的贷款合同利率（参考 Sharp，Newton and Duck）。

如果企业通过银行贷款进行技术融资的成本过高，那么企业就有其他外部选择倾向，即在技术交易市场挂牌转让专利（获得拍卖价值为 $f(\Pi_0, T_P)$）或者将专利许可给竞争对手企业获得相应的许可收益来进行技术融资。贷款利率越高，企业融资成本越大，导致企业的外部选择激励越大，所以企业不会接受过高的贷款利率合同。

表 3－1　　初始参数取值

初始参数取值	
贷款合同	
贷款量，L	1（单位：千万）
贷款期限，T	3（单位：年）
专利有效期，T_p	5 年
提前付款罚金比例，ψ	0.001
违约成本，κ	0.2
专利拍卖价值比率，ρ	3.5
专利拍卖成功概率，δ	0.7
诉讼成功概率，P	0.5
损失补偿	
损失补偿比例，γ	0.4
限额，Γ	0.7L

在采用蒙特卡洛数值模拟方法和数值迭代技术，采用表 3－1 的初始参数取值情况下（商业化专利项目的初始参数取值参考第二章第三节的取值），均衡的贷款合同利率 $R^* = 13.3\%$。

二　均衡合同利率 R^* 的影响因素分析

接下来我们对影响融资成本的主要因素进行敏感性分析，在对某因素进行敏感性分析时，其他参数的取值跟初始参数取值一样。

1. 商业化专利项目利润流参数：Π_0，σ

商业化专利项目的利润流初值和专利项目利润流的波动率对已经实现的项目收益和作为质押物的专利价值有重要影响，因而对质押贷款的价值和融资成本也有显著影响。利润流初值 Π_0 越大，利润流的波动率 σ 越小，项目收益就越高，专利价值就越大，专利质押贷款风险就越小。图 3－2 和图 3－3 给出了专利项目的利润流初值 Π_0 和专利项目利润流的波动率 σ 对融资成本 R^* 的影响。均衡的贷款合同利率 R^* 对利润流初值和利润流的波动率的变化都比较敏感。

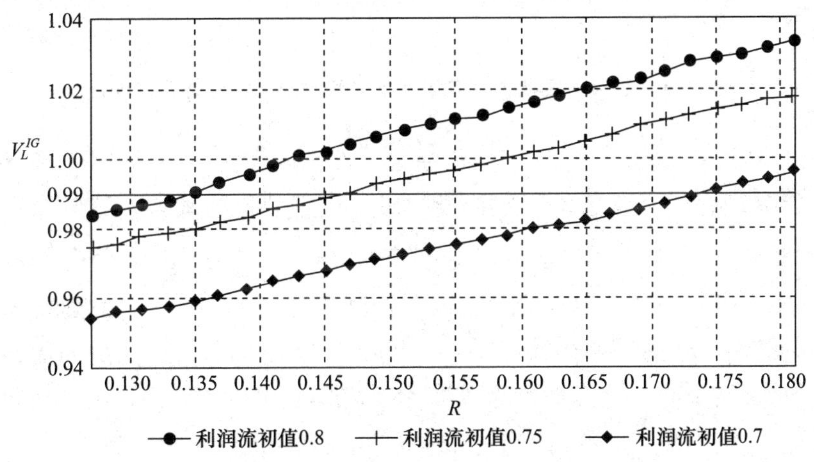

图 3－2　利润流初始值 Π_0 对专利质押融资成本的影响

在图 3－2 中，从下到上三条线分别表示利润流初始值 Π_0 = 0.7、Π_0 = 0.75 和 Π_0 = 0.8 的条件下质押贷款对于银行的价值（包括损失担保的价值）与贷款合同利率 R 的函数关系。利润流初值越大，质押贷款的价值就越大，均衡的贷款合同利率 R^* 就越小。在较大的利润流初值下（Π_0 = 0.8），质押贷款的价值就较大，因而银行愿意接受的贷款利率就较小：R^* = 0.133。随着利润流初值的减小（$\Pi_0=0.7$），项目收益和专利质押物的价值就减小，因而质押贷款的价值就减小，在同等贷款数量的条件下，银行愿意接受的贷款利率就越高：$R^*=0.173$。

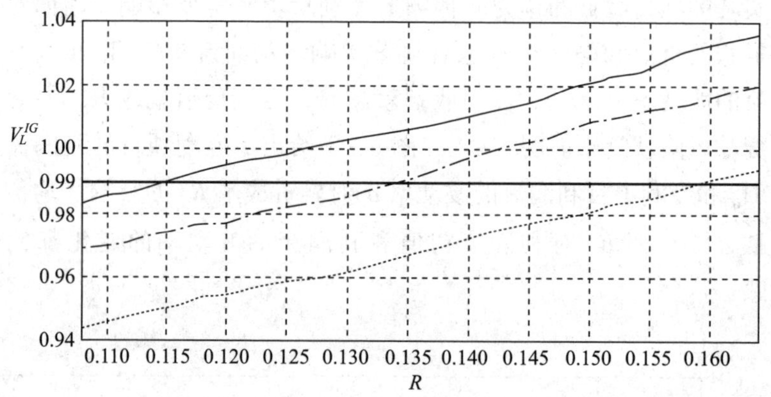

图 3－3 专利项目利润流波动率 σ 对专利质押融资成本的影响

在图 3－3 中，从上到下三条曲线分别表示 $\sigma=0.6$、$\sigma=\sqrt{0.411}$ 和 $\sigma=0.7$ 条件下质押贷款对于银行的价值和均衡贷款合同利率 R^*。在基本模拟的取值情形下（$\sigma=\sqrt{0.411}$），均衡贷款合同利率 $R^*=0.133$。当利润流的波动率减小时（$\sigma=0.6$），商业化专利项目的收益的不确定性较小，专利质押贷款的风险减小，因而银行愿意接受的贷款合同利率就减小：$R^*=0.114$。在商业化专利项目收益高不确定性的情况下（$\sigma=0.7$），专利质押贷款的风险较大，所以银行愿意接受的贷款合同利率就越大：$R^*=0.158$。当利润流的波动率进一步增大时，质押贷款的风险也会进一步增加，银行愿意接受的贷款合同利率也会相应增加，但是，如果融资的成本过高，企业无利可图，违约的可能性增加，质押贷款的价值反而下降，专利质押融资贷款合同就无法达成，那么企业就会放弃商业化专利项目的投资，被迫在技术交易市场挂牌转让专利（获得拍卖价值为 $f(\Pi_0, T_P)$）或者将专利许可给竞争对手企业获得一定的许可收益。

市场的不确定性、开发过程中关键技术能否取得突破、替代技术出现导致专利贬值的可能性、专利权抗拒诉讼风险的能力等多种不确定性，使得商业化阶段产生利润流的不确定性较高，因而专利项目收益和专利价值一般都有高度的不确定性，银行开展专利质押贷款的风险较大，愿意接受的贷款合同利率也会较高。但是，过高的贷款利率使得企业融资成本过高，企业违约的可能性较大，会严重降低质押贷款的价值。因而在多数情况下，企业与银行无法达成双方都可接受的专利质押贷款合同。因此，上述结果也反映了专利质押贷款业务在我国难以大范围盛行，一方面银行有充足资金却不敢轻易放贷，因为要承担较高的风险，所以实行较高的贷款合同利率；另一方面因为要负担高昂的贷款利息费用，又极大地降低了企业通过专利进行质押融资的热情。

2. 诉讼风险参数：P、L_I、L_C、ξ

由于企业和银行在签订专利质押贷款合同之前，专利的有效性是不确定的，意味着它随时可能被潜在的科研机构起诉，如果胜诉，导致质押贷款合同提前终止，同时专利技术失去专有性，会造成借款企业的产品市场占有率大大降低和利润率下降，进而导致企业无力归还贷款违约的可能性增大，银行遭受损失的风险增大。由于专利权的这种不确定性而引起的诉讼风险，是无形资产质押贷款区别于传统的有形资产抵押贷款的重要特征之一，也是影响专利质押贷款的重要因素之一，诉讼风险越大，导致银行贷款无法预期收回的风险也越大，专利质押融资成本就越高。

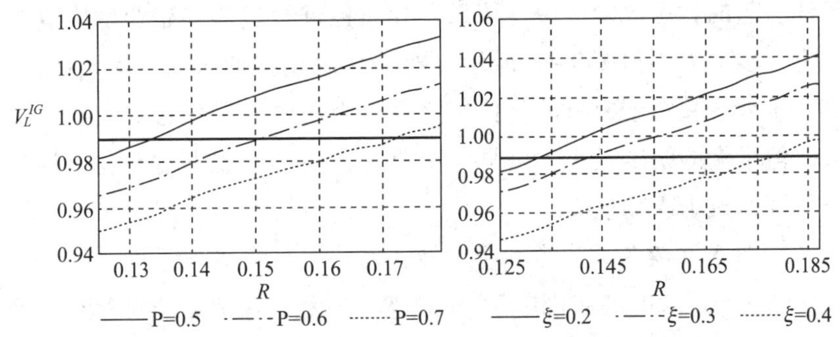

图 3－4　专利质量和补偿比例对专利质押融资成本的影响

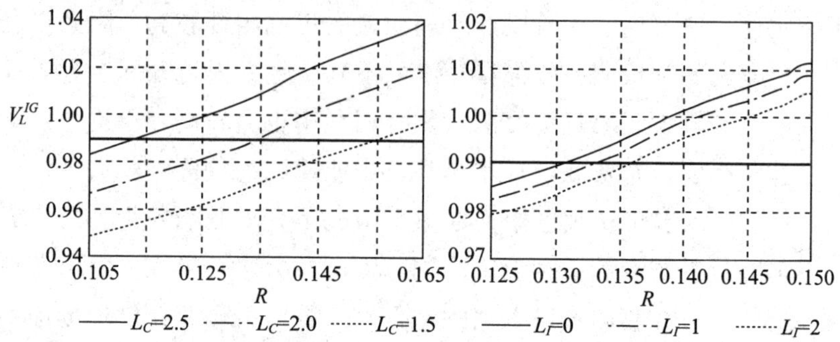

图 3－5 诉讼成本对专利质押融资成本的影响

图 3－4 和图 3－5 给出了专利质量 P、补偿比例 ξ 和诉讼成本 $L_I=2L_C=1.5$，L_C 对专利质押融资成本的影响。当诉讼成功的概率 P 增大时，补偿比例 ξ 增大时和科研机构负担的诉讼成本 L_C 降低时，专利质押的融资成本在增加。这是因为诉讼成功的概率反映专利的质量，概率 P 越大，专利质量水平越低，以质量水平较低的专利为企业提供质押时，潜在的科研机构执行诉讼期权的可能性增大，更高的诉讼风险必然降低质押贷款对于银行的价值（如图 3－4 所示：$P=0.7$ 时质押贷款的价值要小于 $P=0.5$ 时质押贷款的价值），因而银行为可能发生的风险补偿要求的贷款价格也升高。补偿比例增大或科研机构负担的诉讼成本降低时都会带来更高的诉讼风险，同诉讼成功的概率 P 增大时的情况相似。因此专利权的不确定性引起的诉讼风险，使得依靠专利质押进行贷款的企业融资成本也进一步增大。如图 3－5 所示，随着企业负担的诉讼成本 L_I 的升高，质押贷款对于银行的价值在降低，因而质押贷款融资成本在增大，但增大的幅度较小。可见，企业负担的诉讼成本对专利质押贷款融资的成本影响较小。

3. 专利拍卖价值比率和专利转让成功率：ρ，δ

图 3－6 给出了专利拍卖价值比率和专利转让成功率对专利质押融资成本的影响。专利质押贷款的质押物为专利这一无形资产，当借款企业违约无法如约偿还贷款时，银行不能像在以实物资产作为

担保物权的融资体制中，能通过多种方式较容易地处置实物资产来收回资金，尤其在我国技术交易市场还不成熟的情况下，无形资产质押对银行的损失补偿非常不利。因此，在专利权质押贷款中，银行关注的不仅是质押的专利权最有可能实现的价值，而且也关注专利权的变现能力。在借款企业违约的情况下，专利质押物归银行所有，银行将专利在技术交易市场拍卖，以补偿无法收回的贷款损失。专利拍卖价值比率和专利转让成功率直接影响银行的拍卖所得收益，进而会影响专利质押融资成本的大小。

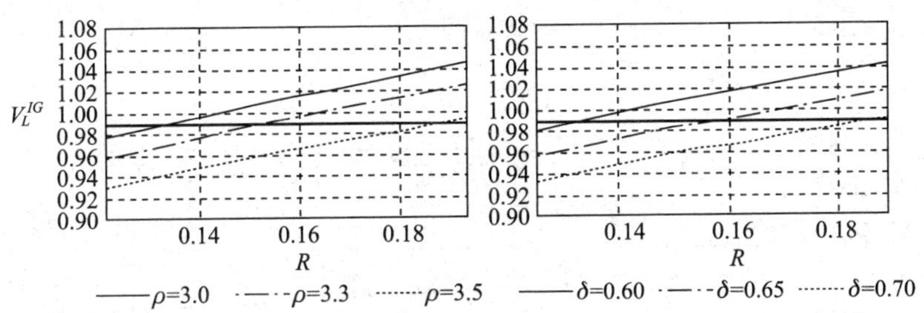

图 3-6　专利拍卖价值比率和专利转让成功率对专利质押融资成本的影响

从图 3-6 可知，随着专利拍卖价值比率 ρ 和技术交易市场的专利转让成功率 δ 的升高，均衡条件下的贷款利率在降低。并且，对融资成本的影响较大，专利拍卖价值比率 ρ 和技术交易市场的专利转让成功率 δ 的微量变化，使得均衡贷款利率 R^* 发生较大变化：在 13%—18% 的区间内波动。由此可知，加强我国知识产权交易、转让市场和相关的制度建设，简化交易程序，降低交易成本，以此减少拍卖双方对专利价值评估的不对称性和提高专利的流动性。在科技型中小企业融资难、银行处于卖方市场的优势地位的环境下，当拍卖双方对专利价值评估的不对称性的降低和专利的流动性的升高时，专利拍卖价值比率 ρ 和技术交易市场的专利转让成功率 δ 也相应提高，质押贷款对于银行的价值增加，企业通过专利进行质押融资的成本也大大降低，企业与银行更容易达成双方都可接受的专利质押贷款合同，因而将显著提高企业通过专利进行质押融资和银行开展这项业务的热情，满足科技型中小企业的融资需求，也为银行带来新的利润增长点。

4. 贷款合同期限、贷款量和贷款手续费

图 3 - 7 给出了贷款合同期限、贷款量和银行收取的贷款手续费对专利质押融资成本的影响。

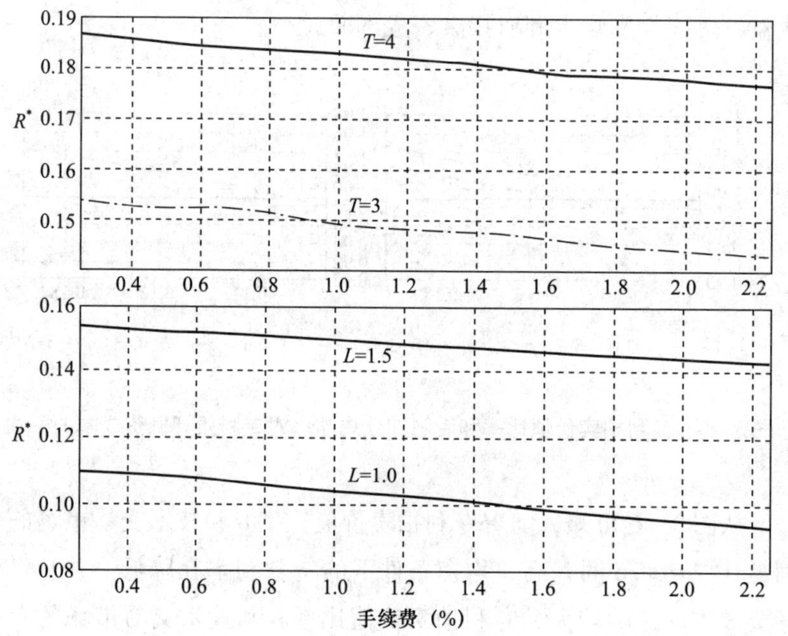

图 3 - 7 贷款合同期限、贷款量和贷款手续费对专利质押融资成本的影响

从图 3 - 7 可知，质押贷款合同期限越长，企业申请贷款数额越大，均衡贷款利率就越高。一方面，是因为专利权是有时效性的；另一方面，因为贷款合同期限越长，商业化专利项目收益的不确定性就越大，同时诉讼风险、违约可能性和提前还款可能性就越高；而贷款给企业的数额越大，在发生诉讼风险或执行违约期权的情况下，银行遭受的损失就越大。越长的贷款期限和越高的贷款数额这两种情况都会导致银行承担的风险增大，因而可以接受的贷款合同利率就越高。该结果也充分反映了我国专利质押贷款的现状：贷款资金额度小、期限短和贷款利率高。据中华人民共和国知识产权局的统计，2010 年专利权质押期限超过三年的仅占总登记量的 9%，绝大部分是期限不足 1 年的短期贷款；专利质押涉及金额主要集中在 100 万—1000 万元，超过 1 亿元的仅占总量的 4%。进行专利质押贷款的多是一些科技型中小企业，迫切需要资金进行科技成果的转化，这种贷款合同期限短并且资金额度小的质押贷款，只能起到救急作用，对于企业长期投资项目的开发极为不利。若延长质押贷款合同期限，增加贷款资金额度，银行承担的风险就会增大，因而愿意接受的贷款利率就会升高。但是按照我国银行贷款利率的政策，贷款利率必须控制在政策范围之内，不能超出现有的管理规定范围，因此过高的贷款利率会使得专利质押贷款不再可行。所以这就需要政府部门在银行和企业之间起到一个良好的中介作用，制定合适的政策，采取必要措施来促进专利质押融资业务的发展。此外，从图 3－7 可知，随着银行收取的贷款手续费率的增长，企业实际得到的贷款数额是递减的，并且手续费率越高，银行承担的风险越低，质押贷款对于银行的价值就越大，因而均衡的贷款利率随之递减。

第四节　弱专利质押贷款价值和嵌套的期权价值

一　弱专利质押贷款价值分布

本节我们运用最小二乘蒙特卡洛技术模拟均衡贷款合同利率（采用初始参数取值）下的质押贷款价值分布，模拟路径数量为 10000 次，得到了在均衡贷款合同利率下质押贷款价值分布。并且，我们分别考虑了确定性专利（专利的有效性被确定下来或专利质量比较高，无诉讼风险）和“弱”专利两种情况。

图 3－8 刻画了无诉讼风险下的质押贷款价值分布，其中质押贷

款价值的均值为0.89601千万。质押贷款价值分布取值为0的部分表明借款企业在开发阶段放弃项目投资，在无诉讼风险的确定性专利情况下该概率为28.7%。由于中途放弃开发，还未产生任何现金流收益，这种情况下银行遭受的损失是最大的，而政府只会承担有限部分的损失。在借款企业违约的情况下，如果已经实现的项目收益和专利清算价值之和高于借款企业应付的贷款价值，银行就能够收回全部贷款，银行没有任何损失的可能性为62.225%；而在违约的情况下，银行发生损失，政府作为担保人承担损失的可能性为37.775%。专利质押贷款是银行（贷款人）的资产，借款人拥有的提前付款期权和违约期权的价值减小了质押贷款的价值。期权的价值越大，发生的概率越高，银行因此要承担的企业执行期权的损失就越大。违约期权价值和提前付款期权的价值分别为0.17938千万和0.29679千万；而违约发生的概率和提前付款发生的概率分别为20.48%和18.86%。可见，期权对质押贷款价值的影响是比较大的。

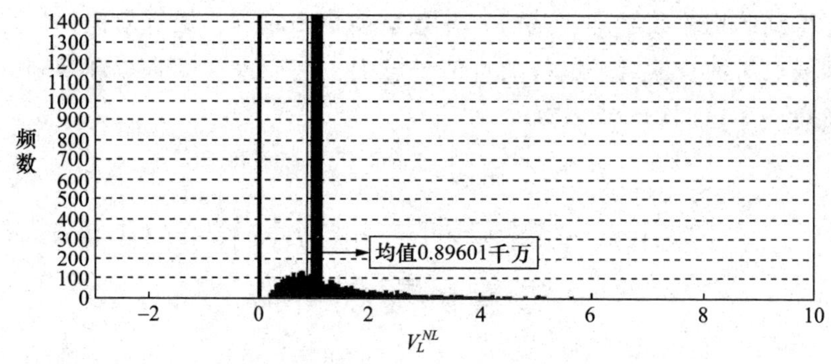

图3-8 无诉讼风险下的质押贷款价值

图3-9刻画了诉讼风险下的质押贷款价值分布，质押贷款价值的均值为0.81285千万。当考虑诉讼风险时，质押贷款价值下降，而损失补偿价值升高。质押贷款价值分布取值为0的比例也比无诉讼风险下增加了1.4个百分点，因而存在诉讼风险时，借款企业更

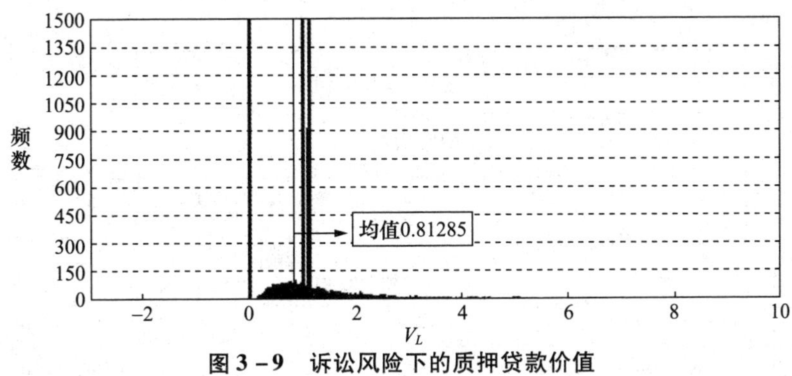

图 3－9　诉讼风险下的质押贷款价值

有可能放弃商业化专利项目的开发投资，给银行带来巨大的损失。同时，在借款企业违约的情况下，银行没有遭受损失的可能性也下降了 10.03 个百分点。提前还款发生的概率也比无诉讼风险下降了 6.29 个百分点。提前还款期权的价值仅为 865210 千万，这个价值比无诉讼风险下的价值下降了 70.848%。

二　专利质押贷款价值和嵌套期权价值的影响因素分析

商业化专利项目利润流 Π_0、贷款合同利率 R 和商业化专利项目利润流波动率 σ 是影响期权价值和质押贷款价值的主要因素，因此，本节主要对这些因素进行敏感性分析。

1. 商业化专利项目利润流 Π_0 和贷款合同利率 R

在专利质押贷款融资中，商业化专利项目利润流 Π_0 是影响项目收益和专利价值，进而影响质押贷款价值的主要因素。贷款合同利率 R 也是影响质押贷款价值的重要因素。因此，本节重点讨论这两个因素对质押贷款各组成成分的影响。

表 3－2　违约期权价值（概率）

合同利率 R（%）	违约期权价值（概率）				
	$\Pi_0=0.4$	$\Pi_0=0.6$	$\Pi_0=0.8$	$\Pi_0=1.0$	$\Pi_0=1.2$
10	0.6348（0.799）	0.5073（0.643）	0.4579（0.574）	0.4309（0.527）	0.4103（0.494）

续表

合同利率 R (%)	违约期权价值（概率）				
	$\Pi_0=0.4$	$\Pi_0=0.6$	$\Pi_0=0.8$	$\Pi_0=1.0$	$\Pi_0=1.2$
11	0.6421（0.803）	0.5146（0.645）	0.4649（0.578）	0.4374（0.531）	0.4155（0.497）
12	0.6489（0.807）	0.5221（0.649）	0.4714（0.581）	0.4436（0.533）	0.4213（0.499）
13	0.6560（0.810）	0.5302（0.654）	0.4782（0.584）	0.4499（0.536）	0.4271（0.502）
14	0.6633（0.813）	0.5382（0.658）	0.4871（0.589）	0.4564（0.541）	0.4330（0.505）
15	0.6708（0.815）	0.5467（0.661）	0.4975（0.593）	0.4632（0.545）	0.4392（0.509）
16	0.6786（0.818）	0.5553（0.665）	0.5056（0.596）	0.4707（0.549）	0.4471（0.514）
17	0.6869（0.822）	0.5641（0.670）	0.5136（0.600）	0.4781（0.553）	0.4544（0.517）
18	0.6956（0.825）	0.5736（0.674）	0.5221（0.604）	0.4861（0.556）	0.4586（0.520）

表3-2刻画了商业化专利项目利润流 Π_0 和贷款合同利率 R 对违约期权价值和违约概率的影响。贷款账面价值和违约总成本的关系是影响违约期权价值和违约发生概率的主要因素。而贷款账面价值与贷款合同利率密切相关，违约总成本与项目收益和专利价值密切相关。由于随着贷款合同利率的增大会导致贷款账面价值的增加，因而违约发生的概率和违约期权的价值与贷款合同利率是正相关的。但是，随着专利项目利润流 Π_0 的增大，违约发生的概率和违约期权的价值是递减的。在较低的项目利润流水平上，未来的期望现金流不能够弥补未来的期望总成本的可能性比较大，因而企业会执行放弃期权退出商业化专利项目的开发的概率就比较大。随着项目利润流水平的增加，一方面执行诉讼期权的可能性增大，导致违约的可能性增大（负的效应）；另一方面在较高的利润流水平上，提前付款期权取代违约期权起重要作用，一旦提前付款发生了，违约就不可能发生，违约期权的价值为零（正的效应）。这两种相反的效应决定着借款企业违约行为发生的概率以及违约期权价值的大小，模拟的结果是后者的效应大于前者的效应，因而在较高的利润流水平上，违约发生的概率和违约期权的价值较小。

表 3－3 提前付款期权价值和概率

合同利率 R（%）	提前付款期权价值（概率）				
	$\Pi_0=0.4$	$\Pi_0=0.6$	$\Pi_0=0.8$	$\Pi_0=1.0$	$\Pi_0=1.2$
10	0.0188（0.041）	0.0637（0.104）	0.0914（0.134）	0.1144（0.153）	0.1256（0.163）
11	0.0179（0.039）	0.0616（0.102）	0.0889（0.131）	0.1111（0.149）	0.1223（0.161）
12	0.0173（0.037）	0.0598（0.098）	0.0861（0.128）	0.1085（0.145）	0.1191（0.157）
13	0.0165（0.036）	0.0577（0.094）	0.0838（0.125）	0.1055（0.142）	0.1159（0.153）
14	0.0160（0.034）	0.0556（0.091）	0.0813（0.120）	0.1024（0.139）	0.1125（0.150）
15	0.0154（0.032）	0.0537（0.088）	0.0786（0.117）	0.0994（0.136）	0.1096（0.147）
16	0.0147（0.030）	0.0516（0.084）	0.0760（0.114）	0.0968（0.133）	0.1060（0.144）
17	0.0141（0.029）	0.0500（0.081）	0.0733（0.110）	0.0937（0.129）	0.1030（0.140）
18	0.0137（0.028）	0.0485（0.078）	0.0707（0.107）	0.0909（0.126）	0.1001（0.136）

表 3－3 刻画了商业化专利项目利润流 Π_0 和贷款合同利率 R 对提前付款期权价值和提前付款概率的影响。提前付款期权发生的概率主要受利率水平的影响，同时项目利润流的水平也决定了企业执行提前付款期权的能力和提前付款期权价值的大小。如表 3－3 所示，较低利率和较高的项目利润流水平下，提前付款期权价值和提前付款概率较大。在较低的项目利润流水平下，提前付款期权价值和提前付款的概率较小，这是因为在较低的利润流水平下，执行违约期权的概率比较大，执行了违约期权，提前付款就不可能发生。

表 3－4 刻画了商业化专利项目利润流 Π_0 和贷款合同利率 R 对诉讼风险下的质押贷款价值的影响。随着贷款合同利率 R 的增加，项目初始利润流的增大，质押贷款的价值是递增的。质押贷款价值 V_L 是贷款账面价值 F_t、违约期权价值 D 和提前付款期权价值 C 的复杂函数。较低水平的项目利润流导致企业的违约期权的价值比较大，因而会降低质押贷款对于银行的价值。在较高的利润流水平下，提前付款期权取代违约期权起重要作用。贷款合同利率的变化对贷款账面价值 F_t 和提前付款期权价值 C 的影响是反方向的，增加

R 会使 F_t 增大，使得 C 减小，但对质押贷款价值的总的效应是正的。例如，增大 F_t 质押贷款价值 V_L 也是增加的，而增大 C 会降低质押贷款 V_L 的价值。一般来说，C 的价值要远小于贷款账面价值 F_t。所以利率变化和质押贷款价值之间的关系主要受利率对贷款账面价值的影响，但也存在一种例外情况，较低利率和较高的项目利润流水平下，提前付款对企业来说是更加有利可图的选择。

表 3－4　　诉讼风险下的质押贷款价值

合同利率 R（%）	诉讼风险下的质押贷款价值				
	$\Pi_0=0.4$	$\Pi_0=0.6$	$\Pi_0=0.8$	$\Pi_0=1.0$	$\Pi_0=1.2$
10	0.41077	0.66551	0.78414	0.85975	0.91623
11	0.41471	0.66923	0.7908	0.86658	0.92377
12	0.41655	0.67354	0.79652	0.87222	0.92887
13	0.41974	0.6784	0.8015	0.87906	0.9364
14	0.42229	0.68506	0.81035	0.89068	0.942
15	0.42524	0.68994	0.81882	0.89961	0.95242
16	0.42711	0.69445	0.82475	0.90866	0.96537
17	0.43105	0.69909	0.83213	0.91675	0.97749
18	0.43276	0.70402	0.83281	0.92407	0.98484

表 3－5　　诉讼风险下的损失补偿价值

合同利率 R（%）	诉讼风险下的损失补偿价值				
	$\Pi_0=0.4$	$\Pi_0=0.6$	$\Pi_0=0.8$	$\Pi_0=1.0$	$\Pi_0=1.2$
10	0.28204	0.20561	0.1755	0.15785	0.14658
11	0.28272	0.20791	0.17738	0.15939	0.14782
12	0.28539	0.21046	0.17934	0.16093	0.14911
13	0.28811	0.2131	0.18148	0.16266	0.15054
14	0.29088	0.21574	0.18373	0.16451	0.152
15	0.29377	0.21848	0.18605	0.16637	0.15354
16	0.29677	0.22138	0.18839	0.16838	0.15514
17	0.29996	0.22447	0.19093	0.17045	0.15675
18	0.30325	0.22763	0.19362	0.17248	0.15839

表 3－5 刻画了商业化专利项目利润流 Π_0 和贷款合同利率 R 对诉讼风险下的损失补偿价值的影响。损失补偿的价值直接与违约期权价值变化密切相关。因此，在低水平的项目利润流下，IG 迅速达到最大值，但不能超出损失补偿的最大限额 Γ，如有超出部分，由银行自己承担。

2. 商业化专利项目利润流波动率 σ

这一部分考察风险参数的变化对专利质押贷款的影响。在给定的贷款利率下，让风险参数商业化专利项目利润流波动率 σ 发生变化，其他参数的取值保持初始参数的取值。图 3－10 和图 3－11 给出了商业化专利项目利润流波动率 σ 对质押贷款各成分价值的影响。

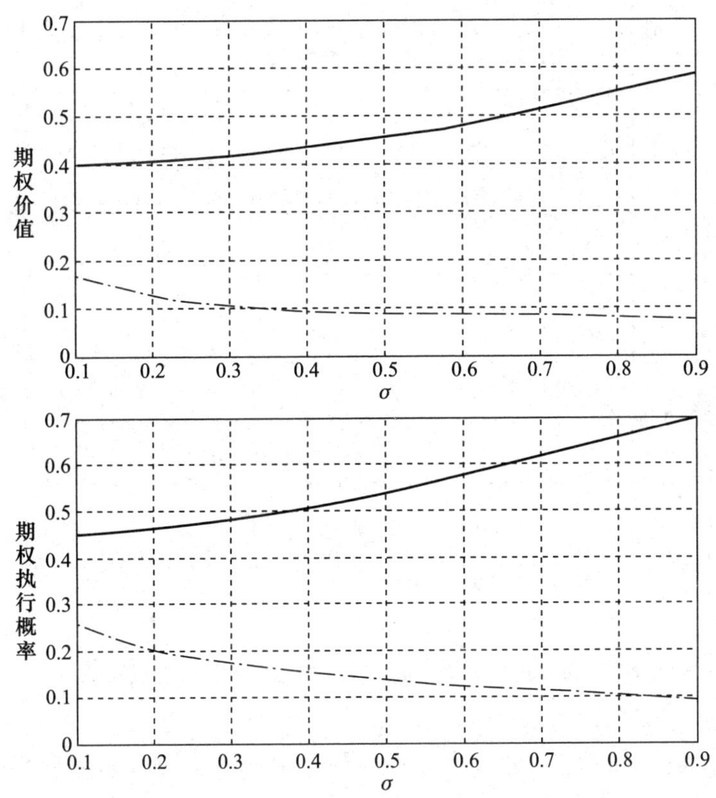

图 3－10　期权价值和期权执行概率

在图 3－10 中，实线和虚线分别表示违约期权和提前付款期权与专利项目利润流波动率 σ 的函数关系。保持其他参数取值不变，专利项目利润流波动率的增加会导致违约期权的价值和概率也相应增大，同传统的金融期权理论一样：波动率越大，期权价值就越大；波动率的增大会导致贷款合同到达违约边界区域而不是提前付款边界区域和继续执行还款计划区域的可能性更大。这种现象的一种直接结果是提前付款期权的价值和专利项目利润流波动率 σ 呈现一种负的关系。

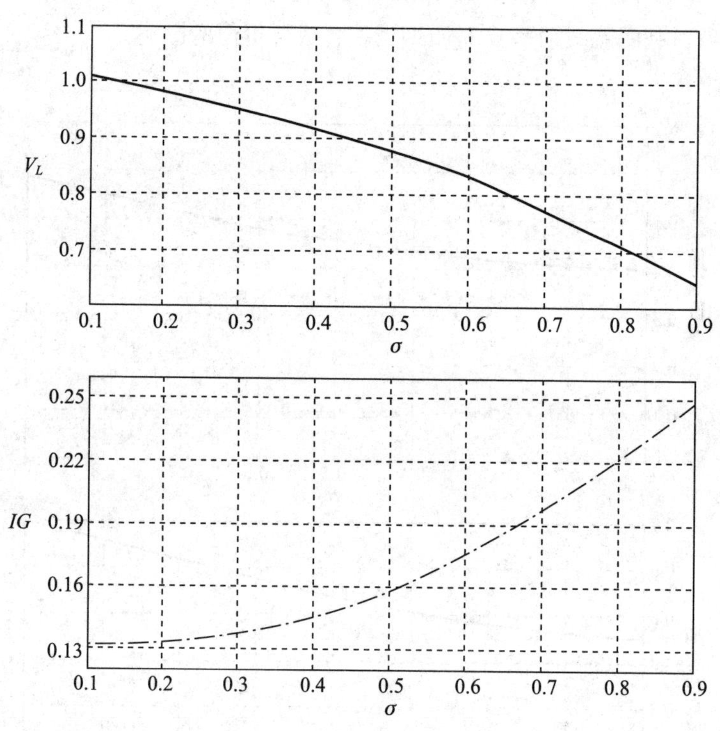

图 3－11　诉讼风险下的质押贷款价值和损失补偿价值

在图 3－11 中，实线和虚线分别表示诉讼风险下的质押贷款价值和损失补偿价值与专利项目利润流波动率 σ 的函数关系。根据我们的数值模拟的结果，质押贷款的价值与专利项目利润流波动率 σ

是负相关的。波动率和质押贷款的价值之间的关系直接受到终止质押贷款合同的两种期权的共同影响，即提前付款期权和违约期权；并且，终止贷款合同的这两种期权都会减小质押贷款的价值。由图3-10的分析可知，专利项目利润流波动率σ的变化对终止质押贷款合同的两种期权会产生相反的效应：随着利润流波动率σ的增大，违约期权的价值和执行的概率是递增的，而提前付款期权的价值和执行的概率是递减的。但是，利润流波动率σ的变化对违约期权产生的效应大于对提前付款期权产生的效应（σ对违约期权影响更大一些），因而，随着专利项目利润流波动率σ的增大，质押贷款的价值是减小的。随着σ的增大，损失补偿的价值也是增大的。因为损失补偿的价值与违约期权的价值和执行的概率是直接相关的，它是违约发生可能性大小和相应的期望损失的直接函数。因而，损失补偿的价值和利润流波动率σ的关系与违约期权和σ的变化是一致的。

第五节　政府风险补偿政策

专利质押融资贷款，这种新型融资模式有利于促进科技型中小企业的发展。但是，与传统信贷风险相比，专利质押融资还存在着诉讼风险，价值难以评估，以及市场交易机制不成熟带来的处置风险，导致专利质押融资贷款业务发展缓慢。为了进一步提高银行开展这项业务的积极性，更好地促进科技型中小企业技术成果的产业化，国务院有关部门和各级地方政府也启动了一些政策性扶持机制来促进这项业务的推广，比如对专利质押贷款进行贴息和损失补偿。本节我们主要分析这两项政策对借款企业违约行为和提前还款行为的影响，以及对均衡的贷款合同利率和质押贷款价值的影响，进而对政策的有效性进行分析，考察政府对专利质押贷款的风险补偿政策的激励效果是否显著。

一　贷款贴息

专利质押贷款贴息是对企业采用专利质押提供一定补偿的激励措施，即在企业正常归还银行的贷款后，政府等相关部门对企业的贷款利息进行补贴，以突破专利质押环节多、融资成本高的难点，激励企业积极地进行还款。比如北京市科委出台政策，根据质押物的类型分别对企业进行贷款成本补贴：商标补贴30%、实用新型专利补贴50%、发明专利补贴70%。

如果企业如约地归还银行贷款，就会受到政府贷款贴息政策的补助，在这种情况下，借款企业实际承担的负债为 $F-D$，降低了企业在正常还贷情况下的负债，其中 D 为政府的贴息额度。因此贷款贴息会引起违约期权的边界条件发生变化，进而质押贷款的价值也会发生相应变化；同时违约期权和提前付款期权是相互影响的，违约行为发生了，提前付款就不可能发生，因而贷款贴息也会间接地影响到提前付款期权的价值和概率。为了考察贷款贴息政策的有效性，即贷款贴息对借款企业融资成本、违约期权价值（概率）、提前付款期权价值（概率）以及质押贷款价值和损失补偿价值的影响，我们分别考虑了无贷款贴息政策下的质押贷款（见表3－6）以及贷款贴息政策下的质押贷款（见表3－7）。

表3－6　　无贷款贴息政策下的质押贷款

	$\Pi_0=0.6$	$\Pi_0=0.8$	$\Pi_0=1.0$
		$\sigma=0.4$	
R^*	14.6%	11.7%	10.2%
D	0.4932（0.5836）	0.3894（0.4808）	0.3466（0.4294）
C	0.0491（0.109）	0.1159（0.1864）	0.1599（0.2149）
V_L	0.8052	0.8497	0.8634
IG	0.1854	0.1407	0.1248
		$\sigma=\sqrt{0.411}$	
R^*	18.3%	13.3%	11.4%
D	0.645（0.7006）	0.4857（0.5869）	0.4186（0.5183）

续表

	$\Pi_0=0.6$	$\Pi_0=0.8$	$\Pi_0=1.0$
C	0.0365（0.0631）	0.0818（0.1211）	0.1204（0.5783）
V_L	0.7156	0.8008	0.8336
IG	0.2745	0.1894	0.1559
$\sigma=0.7$			
R^*	19.7%	15.8%	12.6%
D	0.6931（0.7282）	0.5286（0.6198）	0.4462（0.552）
C	0.0346（0.055）	0.0748（0.1077）	0.1138（0.1465）
V_L	0.7147	0.7858	0.8219
IG	0.27596	0.2046	0.1698

注：小括号里的数值表示期权执行的概率。

表 3-7　　　　贷款贴息政策下的质押贷款

	$\theta=30\%$			$\theta=50\%$		
	$\Pi_0=0.6$	$\Pi_0=0.8$	$\Pi_0=1.0$	$\Pi_0=0.6$	$\Pi_0=0.8$	$\Pi_0=1.0$
$\sigma=0.40$						
R^*	15.9%	12.5%	11.3%	16.2%	13.8%	12.9%
D	0.4826 （0.5728）	0.3859 （0.4782）	0.3451 （0.414）	0.4762 （0.5626）	0.3842 （0.4756）	0.3443 （0.4121）
C	0.0418 （0.0961）	0.1128 （0.1835）	0.1536 （0.2109）	0.0346 （0.0819）	0.1089 （0.1792）	0.1425 （0.2012）
V_L	0.8108	0.8502	0.8697	0.8148	0.8512	0.8706
IG	0.1798	0.14	0.1231	0.1753	0.1396	0.1260
$\sigma=\sqrt{0.411}$						
R^*	19.4%	14.7%	12.2%	20.6%	16.6%	13.4%
D	0.6197 （0.6841）	0.4749 （0.577）	0.4134 （0.5129）	0.6066 （0.6672）	0.4677 （0.568）	0.4076 （0.5091）
C	0.0316 （0.0529）	0.078 （0.1159）	0.1181 （0.1576）	0.0251 （0.043）	0.073 （0.1098）	0.1176 （0.1568）
V_L	0.7271	0.8038	0.8359	0.7396	0.8076	0.8353
IG	0.2629	0.1858	0.1557	0.2513	0.1833	0.1549

续表

	$\theta=30\%$ $\Pi_0=0.6$	$\Pi_0=0.8$	$\Pi_0=1.0$	$\theta=50\%$ $\Pi_0=0.6$	$\Pi_0=0.8$	$\Pi_0=1.0$
$\sigma=0.70$						
R^*	20%	16.2%	13.7%	20.9%	17.2%	14.1%
D	0.6704 (0.7111)	0.5146 (0.6082)	0.4397 (0.544)	0.6612 (0.6961)	0.507 (0.597)	0.4368 (0.5393)
C	0.0292 (0.0459)	0.0697 (0.1)	0.1102 (0.1425)	0.0227 (0.0364)	0.0637 (0.0933)	0.1053 (0.1362)
V_L	0.6997	0.7809	0.8189	0.7147	0.7858	0.8219
IG	0.2905	0.209	0.1716	0.27596	0.2046	0.1698

注：小括号里的数值表示期权执行的概率，θ 表示贷款贴息比例的大小。

同预期的结果一样，实行贷款贴息后，降低违约动机的激励是有效的，违约期权的价值和概率都有所降低，比如在基本参数取值的情况下（$\Pi_0=0.8$，$\sigma=\sqrt{0.411}$），施行贷款贴息 $\theta=30\%$ 政策后，违约期权的价值（概率）由 0.4857（58.69%）下降到 0.4749（57.7%）；如果贴息的力度加大，违约期权的价值（概率）会进一步降低，在 $\theta=50\%$ 时，违约期权的价值（概率）为 0.4134（51.29%）。同时，随着贷款贴息政策的施行以及贴息幅度的增大，质押贷款的价值是小幅上升的。但是，与无贷款贴息条件下的均衡合同相比，实行贴息政策后，融资成本反而上升，贴息幅度越大，融资成本上升得就越大。可见，贷款贴息政策对专利质押贷款有两种相反效应的影响，一方面降低违约动机的激励是有效的，另一方面却使得融资成本上升。

二　损失补偿比例和限额

损失补偿是面向银行的风险补偿政策，在借款企业违约银行遭受损失的情况下，政府会承担部分损失，这种政府担保模式降低了银行专利质押贷款业务的风险，因而会提高银行开展这项业务的积极性。政府同意作为“担保人”，承担银行所遭受的总损失的比例为γ，但政府承担的损失补偿的最大限额为Γ，如有超出部分，由银行自己承担。

保持其他参数的取值不变，表3－8刻画了不同的损失补偿比例和限额下的融资成本、违约期权价值（概率）和提前付款期权价值（概率）。随着政府损失补偿比例和限额的增大，融资成本显著减少，违约期权价值（概率）也是下降的。可见，损失补偿政策对专利质押贷款有积极的促进作用。

表3－8　　损失补偿下的质押贷款

$\Pi_0=0.8\quad \sigma=\sqrt{0.411}$						
	$\Gamma=0.3L$			$\Gamma=0.7L$		
	$\gamma=0.3$	$\gamma=0.4$	$\gamma=0.5$	$\gamma=0.3$	$\gamma=0.4$	$\gamma=0.5$
R^*	20%	19.6%	19.3%	18.3%	13.3%	8.2%
D	0.5455 (0.6132)	0.5417 (0.6118)	0.5389 (0.6108)	0.5293 (0.6067)	0.4857 (0.5869)	0.44998 (0.5693)
C	0.0647 (0.0978)	0.0658 (0.099)	0.0664 (0.1004)	0.0688 (0.1044)	0.0818 (0.1211)	0.095 (0.1387)

注：小括号里的数值表示期权执行的概率。

第六节　本章小结

本章基于实物期权的思想和方法，建立了弱专利质押贷款期权定价分析模型，在分析借款企业在质押贷款中的各种行为决策以及对价值和均衡贷款合同利率产生影响时，专利质押贷款期权分析模型显然比传统的专利质押贷款模型更有优势。

商业化专利项目利润流越小，利润流波动率越大，均衡下的贷款合同利率就越大。专利项目收益和专利价值一般都有高度的不确定性，银行开展专利质押贷款的风险较大，愿意接受的贷款合同利率也会较高。但是，过高的贷款利率使得企业融资成本过高，企业违约的可能性较大，会严重降低质押贷款的价值。因而在多数情况下，企业与银行无法达成双方都可接受的专利质押贷款合同。因此，上述结果与现实情况比较吻合，反映了专利质押贷款业务在我国难以大范围盛行的原因之一，一方面银行有充足资金却不敢轻易放贷，因为要承担较高的风险，所以实行较高的贷款合同利率；另一方面因为要负担高昂的贷款利息费用，又极大地降低了企业通过专利进行质押融资的热情。

诉讼风险越大，专利质押融资成本就越高；专利拍卖价值比率 ρ 和技术交易市场的专利转让成功率 δ 对融资成本的影响也就越大，提高专利拍卖价值比率 ρ 和技术交易市场的专利转让成功率 δ 会使得融资成本显著降低。因而，加强知识产权的保护力度，逐步建立成熟和完善的技术交易市场，对银行开展专利质押贷款融资业务是有积极的促进作用的。

专利质押贷款是银行（贷款人）的资产，借款人拥有的提前付款期权和违约期权的价值减小了质押贷款的价值。期权的价值越大，发生的概率越高，银行因此要承担的企业执行期权的损失就越大，通过数值分析，发现专利质押贷款合同中嵌套的期权对专利质押贷款价值的影响是比较大的；并且，专利诉讼风险的存在使得银行遭受的损失进一步地恶化。

在弱专利质押贷款期权定价分析模型的基础上，我们进一步地探讨了我国政府现行的专利质押贷款的风险补偿措施是否有效。研究结果显示，贷款贴息政策对专利质押贷款有两种相反效应的影响，一方面降低违约动机的激励是有效的，另一方面却使得融资成本上升。随着政府损失补偿比例和限额的增大，融资成本显著减少，违约期权价值（概率）也是下降的。可见，损失补偿政策对专利质押贷款有积极的促进作用。

第四章 基于期权定价的弱专利质押贷款损失减少措施和违约风险管理

专利质押贷款对于解决科技型中小企业融资难的问题具有重要意义，但是专利是一种无形资产，具有评估难、处置难和诉讼风险大等特殊性质，使得银行开展这项新兴的金融业务的风险较大。除了国务院有关部门和各级地方政府出台的一些政策性扶持机制和多项激励措施外，比如专利质押贷款贴息政策和本金损失补偿措施，银行也应该积极地采取一些风险控制和损失减少措施，而不仅仅是被动地使用丧失抵押品赎回权（Foreclosure）作为对违约的借款企业的唯一处理方式。本章在上一章专利质押贷款期权定价基本模型的基础上，进一步地探讨了与借款企业相关的所有期权，包括恢复期权的影响。我们提出了一些损失减少措施，并分析这些措施对借款企业行为决策的影响，给出合理的建议。

第一节 损失减少措施基本模型

借鉴住房抵押贷款中的分期付款模式，假设在专利质押贷款中，借款企业也分期多次还款，每期支付的款项中有本金也有利息，在质押贷款到期日偿还最后一笔分期付款额后便还清所有款项。在每期期末，企业用项目收益来支付每期偿还金额，因而借款企业的项目收益会相应地产生一次减少；后续每期期末的项目收益是扣除前期所有偿还金额影响后的剩余项目收益。

如果期初向银行贷款的本金为 L，准备分 n 期偿还，每季度偿还一次，每期偿还金额为 MP，期利率为 $R/4$。在贷款第一期的期末，本金和利息的和为 $L\ (1+R/4)$；在第一期期末偿还 MP 后，剩余的款项为 $RM_1=L\ (1+R/4)-MP$。由于剩余的款项也要计算利息，所以第二期期末是在 $(L\ (1+R/4)-MP)(1+R/4)$ 的基础上偿还金额 MP，即在第二期期末偿还 MP 后所剩余的款项为 $RM_2=L\ (1+R/4)^2-MP\ (1+R/4)-MP$。以此类推，在第 n 期期末（专利质押贷款到期日）偿还最后一笔等额分期付款金额 MP 后便结清所有款项。每期偿还金额 MP 是由如等式（4－1）确定的（保证在第 n 期期末，贷款本金的账面余额为零，还清所有款项）：

$$RM_n=L(1+R/4)^n-MP[(1+R/4)^{n-1}+(1+R/4)^{n-2}\cdots+1]=0$$

从而每期期末应偿还的金额为：

$$MP=L\times(R/4)\times((1+R/4)^n)/[(1+R/4)^n-1] \tag{4-1}$$

在每期期末偿还金额 MP 后，未结清余额也即贷款本金的账面余额 RM_i 是由如等式（4－2）确定的：

$$RM_i=\frac{[(1+R/4)^n-(1+R/4)^i]}{(1+R/4)^n-1}L \tag{4-2}$$

具体计算过程如下：假设 $L=80000$，$T=1.25$，$n=5$，$R=16\%$。则每期期末偿还金额 MP 为 17970，利息在每期期末计算，利息按期初贷款本金的账面余额乘以期利率得出。等额分期付款中的本金和利息计算如表 4－1 所示。

表 4－1　　　　分期还款额中的本金和利息

时间期数	分期付款额	期末贷款本金的账面余额	偿还的本金额	每期期末利息支付
0	0.00	80000.00	0.00	0.00
1	－17970.00	65229.83	－14770.17	3200.00
2	－17970.00	49868.86	－15360.98	2609.19
3	－17970.00	33893.44	－15975.41	1994.75
4	－17970.00	17279.01	－16614.43	1355.74
5	－17970.00	0.00	－17279.01	691.16

在上一章弱专利质押贷款期权定价的基本模型中，我们探讨了嵌套在质押贷款合同中的两个最基本的期权：违约期权（default option）和提前付款期权（prepayment option）。商业化专利项目的收益是不确定的，如果在应付款的某期期末，项目收益不足以支付每期等额偿还金额 MP，企业就会处于欠款状态（delinquency），但是在后续的时间里企业的项目收益可能会有大幅度的增加，不仅能够支付当期期末的等额偿还金额 MP，而且还能把以前所欠的所有应付等额偿还金额结清，这在现实生活中是很常见的一种现象。如果出现到期未付款银行就认定企业违约，把欠款等同于借款企业违约，银行将获得项目收益价值和专利质押物价值，这种一棍子将处于欠款状态的企业打死的做法对银行的利润增长和企业发展都是极为不利的。因而，这里我们把专利质押贷款期权定价基本模型中的违约期权分成了两部分：借款企业没有能力支付到期应付款，即欠款（delinquency）；企业超出银行规定的欠款期，通过丧失质押品赎回权放弃对商业化专利项目和专利质押物的所有权（foreclosure）。在前面专利质押贷款期权定价的基本模型中还忽视了一个重要的期权：恢复期权（reinstate option），即在丧失质押品赎回权之前，企业把欠下的所有应付款项结清（包括利息和欠款罚金）来恢复质押贷款。把专利质押贷款期权定价基本模型中的违约期权分成两部分有助于我们分析如何采取适当的激励和惩罚措施来减少未来丧失质押品赎回权（foreclosure）产生的损失。

为了计算在欠款状态下各期权的价值，需要引入一个状态变量 τ，表示借款企业在丧失质押品赎回权（foreclosure）前，处于欠款状态的时间（月数或季度数），$0 \leqslant \tau \leqslant T$，$T$ 是专利质押贷款期限。如果 $\tau = T$，即借款企业未把欠下的所有应付款项结清（包括利息和欠款罚金）来恢复质押贷款，则丧失质押品赎回权（foreclosure）必然发生。假设借款企业一旦恢复了欠款，质押贷款后续的现金情况跟未发生欠款时是一模一样的，期等额偿还金额 MP 和贷款利率等都不会发生变化，这样会极大地降低问题的复杂性。

$DL(t,\ \tau)$ 表示在时间 t 借款企业已经有 τ 个季度的连续未付款；

$RI(t, \tau)$表示鉴于借款企业已经有τ个季度的连续未付款下，恢复期权在t时的价值；$PR(t, \tau)$表示鉴于借款企业已经有τ个季度的连续未付款下，提前付款期权在t时的价值；$FC(t, T)$表示鉴于借款企业已经有τ个季度的连续未付款下，丧失质押品赎回权期权在t时的价值；$A(t, \tau)$表示所有未结清的款项在t时的现值（包括欠款期内所欠的款项）；$F(t, \tau)$表示在t时质押贷款的账面价值；$V(t)$和$P(t)$分别表示在t时的项目价值和专利价值（参考第二章第二节专利价值的计算结果）。

第二节　边界条件

同任何期权定价模型一样，确定边界条件是非常重要的。本节额外增加的恢复期权不会改变专利质押贷款期权定价基本模型中的提前付款期权的边界条件。但是违约［丧失质押品赎回权（foreclosure）］的边界条件必定发生变化，当然，恢复期权有它自身的边界条件。

在时间t时，嵌套在质押贷款中的期权的价值主要是由执行期权前后借款企业项目收益和专利价值、贷款本金的账面余额（即未结清余额）的变化决定的。假设借款企业是理性的，在提前付款、欠款、恢复和丧失质押品赎回权（即违约）等期权中，它们会选择对自己价值最大化的期权来采取行动，使其他期权的价值为零。参考 En - Der Su，我们计算了在t时嵌套在质押贷款中所有期权的价值。

首先考虑恢复质押贷款期权（reinstate option），即在丧失质押品赎回权（foreclosure）前，借款企业把欠下的所有应付款项结清（包括利息和欠款罚金）来恢复处于欠款状态的质押贷款。我们并不依赖外生的因素来解释借款企业恢复处于欠款状态的质押贷款合同的决策，本节的模型仍然沿用传统的期权定价模型，即假设当质押资产和项目价值超出了恢复质押贷款的价值（包括欠款罚金在内），金融理性的借款企业才会执行恢复期权。

违约对信用评级的影响一直以来都受到很大的关注。鉴于借款企业的信用质量是无法知道的，我们参照大多数研究有形资产抵押的文献把违约成本设定为贷款账面价值的一个固定比例（如 Kau，Keenan and Kim）。这里我们假设违约成本为 κF_t，κ 为贷款账面价值的一个固定比例。

借款企业追求自己的价值最大化，试图最小化银行的头寸。当借款企业选择进入欠款期，这种行动不会给它带来任何成本，但当恢复处于欠款状态的质押贷款时，它需要支付一笔因欠款而产生的罚金。在欠款期内，借款企业有三种可能的行为可以选择：让丧失质押品赎回权发生（即违约）、恢复质押贷款和提前付款。如果丧失质押品赎回权发生（即违约）了，那么借款企业就失去了恢复质押贷款和提前付款的权力，因而：

$$PR(t,\ T)=0 \tag{4-3}$$

$$RI(t,\ T)=0 \tag{4-4}$$

$$FC(t,\ T)=\kappa d(T)F(t,\ T)+A(t,\ T)-[V(T)+P(T)+\kappa F(t,\ T)]-g[F(t,\ T)+\kappa d(T)F(t,\ T)-V(T)-\delta f(\Pi_T,\ T_p-T)] \tag{4-5}$$

其中 $\kappa d(T)F(t,\ T)$ 表示因欠款而产生的罚金，$\kappa d(T)$ 为欠款罚金比例，$f(\Pi_T,\ T_p-T)$ 表示银行获得的专利拍卖清算价值，δ 为专利在技术交易市场能够成功转让的概率，g 为银行获得法院审判裁决的成功概率，一旦成功，会要求借款企业以其他资产补偿贷款账面价值和欠款的罚金与质押给银行的专利拍卖清算价值和项目收益价值之差。

如果借款企业选择提前归还处于欠款状态的质押贷款，那么丧失质押品赎回期权的价值和恢复期权的价值为零，因而有：

$$PR(t,\ \tau)=A(t,\ \tau)+\kappa d(\tau)F(t,\ \tau)-F(t,\ \tau) \tag{4-6}$$

$$RI(t,\ \tau)=0 \tag{4-7}$$

$$FC(t,\ \tau)=0 \tag{4-8}$$

前面不管借款企业是选择丧失质押品赎回权（即违约）还是执行提前还款期权，都会导致专利质押贷款合同的终止，而执行恢复期权不会使合同终止。并且恢复后的质押贷款现金流情况跟无欠款发生时的情况是一模一样的，即借款企业的欠款行为对恢复后的质押贷款没有任何影响。因而有：

$$PR(t,\ \tau)=PR(t+1,\ \tau) \tag{4-9}$$

$$FC(t,\ \tau)=FC(t+1,\ \tau) \tag{4-10}$$

$$RI(t,\ \tau)=[V(t)+P(t)+FC(t,\ \tau)+PR(t,\ \tau)]-[A(t,\ \tau)+\kappa d(\tau)F(t,\ \tau)] \tag{4-11}$$

为了使处于欠款状态的质押贷款恢复，借款企业把欠下的所有应付款项结清（包括利息和欠款罚金）。

在质押贷款处于欠款状态前，借款企业可以选择是否执行提前付款期权来终止质押贷款合同。如果提前付款发生，那么未来的丧失质押品赎回权（即违约）期权的价值或者恢复质押贷款期权的价值就为零，而提前付款期权的价值 $PR(t,\ \tau)$ 如式（4-6）所示。

第三节　数值模拟结果和分析

在第四章第二节已经给出期权边界条件的情况下，我们可以利用蒙特卡洛模拟方法得到提前付款期权、恢复期权和丧失质押品赎回权（即违约）期权的价值以及执行这些期权的概率。从某种意义上来说，期权执行的概率比期权自身的价值能提供关于借款企业行为的一些更有价值的信息，银行可能更关注前者。

根据前面所述的模型，假设模拟的路径数量是 10000 次，沿着每条轨迹都向后递归，可以得到 10000 条模拟路径上的各个期权的价值，再贴现到 $t=0$ 时刻并且取平均，就得到当前时刻各个期权的价值。某一特定期权执行的概率是通过计算该期权在 10000 次模拟中出现的比率得到（参考 En - Der Su 中所述的蒙特卡洛数值模拟技术和方法）。存在专利诉讼风险的情况下，如果在某条路径上出现了成功的专利诉讼，会导致质押贷款合同被迫提前终止，借款人会做出自己的最优选择：提前归还贷款或者违约。由于挑战者胜诉，专利技术失去专有性，专利会在技术交易市场被拍卖清算，同时企业要向挑战者支付项目收益的 ξ 比例作为补偿，那么式（4－5）和式（4－11）中的执行价格和边界条件会稍有变化，即式(4－5）中的项目收益价值 $V(T)$ 变为 $(1-\xi)V(T)$，专利价值 $P(T)$ 变为 $\delta f(\Pi_T, T_p-T)$，式（4－11）中的项目收益价值 $V(t)$ 变为 $(1-\xi)V(t)$，专利价值 $P(t)$ 变为 $\delta f(\Pi_t, T_p-t)$。

商业化专利项目利润流的波动率 σ 可以最大限度地反映出项目的风险；而诉讼成功的概率 P 可以最大限度地反映出专利的风险，概率 P 越大，专利质量水平越低，以质量水平较低的专利为企业提供质押时，潜在的科研机构执行诉讼期权的可能性增大。同所有的期权定价模型一样，不同的参数取值对模型的输出结果具有重要意义，我们首先分析这两个主要的参数变化是如何影响各个期权执行的概率的。假设基本参数取值与第二节的基本模型相同，并且按季度分期还款，分期还款方面的主要参数设置为：$g=0$，$\kappa d(\tau)=5\%$，模拟轨迹数量仍然为 10000 次。

表 4－2　　质押贷款期权执行的概率

	$\tau=1$			$\tau=3$		
	$P=0.2$	$P=0.5$	$P=0.8$	$P=0.2$	$P=0.5$	$P=0.8$
			$\sigma=0.40$			
PC	0.1049	0.0617	0.0152	0.1058	0.0643	0.0159
PR	0.4213	0.3878	0.3859	0.4033	0.3842	0.3794
DL	0.0005	0.0004	0.0002	0.0019	0.0017	0.0006
FC	0.4706	0.5502	0.5997	0.4908	0.5512	0.6047
RI	0.0098	0.0054	0.0031	0.0153	0.0106	0.0099
			$\sigma=\sqrt{0.411}$			
PC	0.2486	0.1398	0.0338	0.2145	0.0877	0.0292
PR	0.2442	0.2201	0.1221	0.2416	0.2144	0.1156
DL	0.0716	0.0702	0.0692	0.2713	0.2271	0.1096
FC	0.5071	0.6400	0.8439	0.5436	0.6976	0.8551
RI	0.0529	0.0158	0.0047	0.1003	0.0922	0.0848

续表

	$\tau=1$			$\tau=3$		
	$P=0.2$	$P=0.5$	$P=0.8$	$P=0.2$	$P=0.5$	$P=0.8$
$\sigma=0.70$						
PC	0.2501	0.1026	0.0327	0.1824	0.0799	0.0294
PR	0.0769	0.0561	0.0488	0.0488	0.0348	0.0298
DL	0.3292	0.2453	0.1099	0.7498	0.4679	0.3053
FC	0.6729	0.8412	0.9182	0.7682	0.8852	0.9408
RI	0.1205	0.1109	0.1016	0.3756	0.2134	0.1287

注：关于商业化专利项目利润流的波动率 σ 和专利风险参数 P 的敏感性分析，模拟路径数量为10000次。其中 *PC* 表示如约执行分期还款计划的概率，*PR* 表示提前还款的概率，*DL* 是欠款的概率，*FC* 表示丧失质押品赎回权（foreclosure）的概率，*RI* 表示恢复处于欠款状态的质押贷款的概率。

一　商业化专利项目利润流的波动率 σ

表4－2表明了增大商业化专利项目利润流的波动率 σ 带来的影响。保持其他参数取值不变，我们可以看到，随着波动率 σ 的增大，提前付款的概率减小，但是欠款的概率增大。例如，假设 $P=0.5$，银行规定的欠款期限 τ 为三个季度，从表4－2我们可以看到，当波动率 σ 从0.4增加到0.7时，提前付款的概率从38.4%下降到3.5%，而欠款的概率从0.17%迅速上升到46.8%。同预期一样，随着欠款概率的增大，丧失质押品赎回权（即违约）的概率和恢复处于欠款状态的质押贷款的概率也随之增大。但是丧失质押品赎回权（即违约）的概率和恢复处于欠款状态的质押贷款的概率的相对大小对银行所要采取的行为决策是非常重要的。虽然欠款的概率迅速增加，但是在商业化专利项目利润流的波动率 σ 较大时，丧失质押品赎回权（即违约）的概率和恢复质押贷款概率的相对大小却下降很多，表明恢复处于欠款状态的质押贷款变得越来越重要。因而，在波动率 σ 较高的时候，借款企业相对来说更有可能采取恢复

处于欠款状态的质押贷款行动；但是在波动率 σ 较低的时候，借款企业相对来说更有可能执行丧失质押品赎回权（foreclosure）。

另外，表 4－2 也表明了商业化专利项目利润流的波动率 σ 和专利风险参数 P 对质押贷款期权执行概率的综合效应。当波动率 σ 较高并且专利风险较低时，恢复处于欠款状态的质押贷款的概率最大（37.6%）。在商业化专利项目利润流较稳定和专利风险较低时，提前付款的概率达到最大（42.1%）。

二　专利风险参数 P

保持其他参数取值不变，增大专利风险参数 P 会导致丧失质押品赎回权（即违约）的概率增大（见表 4－2）。例如，假设 $\sigma=\sqrt{0.411}$，银行规定的欠款期限 τ 为一个季度，从表 4－2 我们可以看到，当专利风险参数 P 从 0.2 增加到 0.8 时，导致丧失质押品赎回权（即违约）的概率从 50.7% 增大到 84.4%，但是提前付款的概率从 24.4% 下降到 12.2%。同预期一样，因为诉讼成功的概率反映专利的质量，概率 P 越大，专利质量水平越低，以质量水平较低的专利为企业提供质押时，潜在的科研机构执行诉讼期权的可能性增大，导致质押贷款合同被迫提前终止的概率增大，在这种情况下，借款企业违约的可能性要比提前付款的可能性大，这也是造成恢复处于欠款状态的质押贷款的概率随着 P 的增大而减小的重要原因。值得注意的是，在专利质量水平比较高的时期，恢复质押贷款的概率是比较大的。这也表明，在专利质量总体水平比较好的时期，银行采取激励借款企业恢复处于欠款状态的质押贷款的措施是合理的。在一些发达国家，对专利的审查比较严格，总体专利质量水平比较乐观。虽然我国的专利申请量的发展速度非常快，但是与欧美等发达国家相比，专利审查体系还很不成熟，专利质量水平也不容乐观。

另外，随着专利风险的增大，质押贷款合同被迫提前终止的概率增大，因而如约执行还款计划的概率、发生欠款的概率和恢复处于欠款状态的质押贷款的概率自然而然也随之降低了。

第四节　违约管理建议

在本节我们将分析各种各样的政策工具对借款企业的欠款、提前还款、丧失质押品赎回权（foreclosure）和恢复处于欠款状态的质押贷款行为的影响。一旦借款企业出现到期未付款，银行就认定企业违约，把欠款等同于借款企业违约，积极地诉诸丧失抵押品赎回权（foreclosure）过程来获得项目收益价值和专利质押物价值，银行的这种措施是一种消极的违约管理。在这种政策措施下，借款企业恢复处于欠款状态的质押贷款的行为对银行的违约管理没有任何影响。作为比较的基准，我们假设银行获得法院审判裁决的成功概率 g 为 50%，并且规定的欠款期 τ 为一个季度，作为银行消极的违约管理政策的代理变量。在这种政策下（假设 $\sigma=\sqrt{0.411}$，$P=0.2$），借款企业进入欠款状态的概率为 35%，而丧失抵押品赎回权（即违约）的概率为 61%。比较有趣的结果是，即使在这样消极的违约管理政策下，借款企业恢复处于欠款状态的质押贷款的概率也达到了 12%。

因而，这里我们将会考虑一种积极的违约管理政策，即银行使用一些损失减少措施来管理借款企业的欠款行为，并且鼓励借款企业恢复处于欠款状态的质押贷款。在下面的分析中，我们考虑了一些主要针对借款企业欠款行为的管理措施，例如延长规定的欠款期 τ（增大借款企业恢复处于欠款状态的质押贷款的机会），降低恢复质押贷款成本（即降低欠款罚金比例 $\kappa d(\tau)$），以及重视信用评级，强化信用记录。并且探讨了这些损失减少措施对借款企业行为的影响，比如对已经处于欠款状态的质押贷款，推迟丧失质押品赎回权（foreclosure）是否会增加恢复贷款的概率；在高成本的丧失抵押品赎回权（foreclosure）下，借款是否会倾向于选择恢复质押贷款来避免高成本的丧失抵押品赎回权（foreclosure）。

一　欠款期τ

对由于财务困境进入欠款状态的借款企业，银行推迟丧失质押品赎回权（foreclosure），这是一种最基本的损失减少管理战略。任何一种损失减少管理战略的有效性主要是看最终的违约损失是否会降低。例如以 $\sigma=\sqrt{0.411}$，$P=0.5$ 为例，表4－2表明当规定的欠款期τ从一个季度增加到三个季度时（使借款企业恢复处于欠款状态的质押贷款的时间增加），欠款的概率从7%上升到22.7%，丧失质押品赎回权（foreclosure）的概率也相应地增加了（从64%增加到70%），并且恢复处于欠款状态的质押贷款的概率也从1.6%增加到9.2%。但是，丧失质押品赎回权（即违约）的概率和恢复质押贷款概率的相对大小却下降很多，表明恢复处于欠款状态的质押贷款变得越来越重要。因而，同我们预期的一样，延长规定的欠款期τ（可以增加借款企业恢复处于欠款状态的质押贷款的机会）对处于欠款状态的质押贷款有正面的影响；但对提前还款概率的影响非常小，下降不到一个百分点（从22%下降到21.4%）。

二　欠款罚金比例 $\kappa d(\tau)$

降低欠款罚金比例 $\kappa d(\tau)$（即降低恢复处于欠款状态的质押贷款）也是一种积极的违约战略管理策略。为了使处于欠款状态的质押贷款恢复，借款企业应把欠下的所有应付款项结清（包括利息和欠款罚金）。一般来说，罚金是贷款账面价值的一个固定比例或者是一个固定常数。银行可以通过减少罚金比例 $\kappa d(\tau)$ 来激励处于欠款状态的借款企业恢复质押贷款。这一措施对总的违约损失会产生两种相反的效应，一方面增加了发生欠款的可能性，另一方面降低了恢复质押贷款的成本（增加恢复处于欠款状态的质押贷款的概率）。使用本节的模型，我们能够分析这种积极的违约管理战略对借款企业行为的影响。

表 4-3　　质押贷款期权执行的概率

	如果质押贷款恢复欠款罚金免除			增大欠款罚金		
	$P=0.2$	$P=0.5$	$P=0.8$	$P=0.2$	$P=0.5$	$P=0.8$
			$\sigma=0.40$			
PC	0.1037	0.0608	0.0104	0.1038	0.0613	0.0109
PR	0.4251	0.3881	0.3862	0.4253	0.3884	0.3866
DL	0.0019	0.0014	0.0011	0.0016	0.0014	0.0010
FC	0.4711	0.5511	0.6031	0.4708	0.5501	0.6023
RI	0.0104	0.0093	0.0081	0.0101	0.0046	0.0023
			$\sigma=\sqrt{0.411}$			
PC	0.2495	0.1094	0.0308	0.2251	0.0984	0.0327
PR	0.2457	0.2319	0.1102	0.2741	0.2483	0.1364
DL	0.0643	0.0517	0.0428	0.0519	0.0369	0.0167
FC	0.5047	0.6586	0.8580	0.5007	0.6531	0.8307
RI	0.0548	0.0162	0.0097	0.0512	0.0093	0.0084
			$\sigma=0.70$			
PC	0.2897	0.1264	0.0374	0.2913	0.1741	0.0548
PR	0.0994	0.0817	0.0616	0.1015	0.0988	0.0702
DL	0.2125	0.2098	0.1017	0.1885	0.1643	0.0086
FC	0.6109	0.7918	0.9010	0.6071	0.7271	0.8949
RI	0.1794	0.1192	0.1009	0.1592	0.1036	0.0138

注：关于商业化专利项目利润流的波动率 σ 和专利风险参数 P 的敏感性分析，模拟路径数量为 10000 次，$g=20\%$，$\tau=3$，欠款罚金比例 κd（τ）设定为 5 个百分点。其中 *PC* 表示如约执行分期还款计划的概率，*PR* 表示提前还款的概率，*DL* 表示欠款的概率，*FC* 表示丧失质押品赎回权（foreclosure）的概率，*RI* 表示恢复处于欠款状态的质押贷款的概率。

表 4-3 给出了欠款罚金比例 κd（τ）从 5% 下降到零（如果借款企业恢复了处于欠款状态的质押贷款，罚金免除）产生的影响。同预期的一样，降低欠款罚金比例 κd（τ）会导致发生欠款的概率增大。例如以 $\sigma=\sqrt{0.411}$，$P=0.5$ 为例，发生欠款的概率从 3.7% 增加到 5.2%。同第四章第三节第二部分的研究结果一样，发生欠

款的概率随着专利风险的增大而减小，随着商业化专利项目利润流的波动率的增大而增大，因而在较低专利风险和较高波动率的情况下，发生欠款的概率将达到最大，例如 $\sigma=0.70$，$P=0.2$，欠款的概率为21.3%。但是，免除欠款罚金能够激励借款企业恢复质押贷款吗？从表4－3我们可以看到，在低波动率和低专利风险时期，欠款罚金比例 κd（τ）从5%下降到0时，丧失质押品赎回权（即违约）的概率和恢复质押贷款概率的相对大小基本保持不变。但是它们的相对大小在高波动率和高专利风险时期却剧烈下降，表明恢复处于欠款状态的质押贷款明显变得越来越重要。因而，在大多数情况下，免除欠款罚金会增大欠款的发生率，但是不一定会降低丧失质押品赎回权（foreclosure）的发生率。这一结果表明免除欠款罚金的违约管理政策未必能降低总的违约损失。

三　借款企业信用成本的影响τ

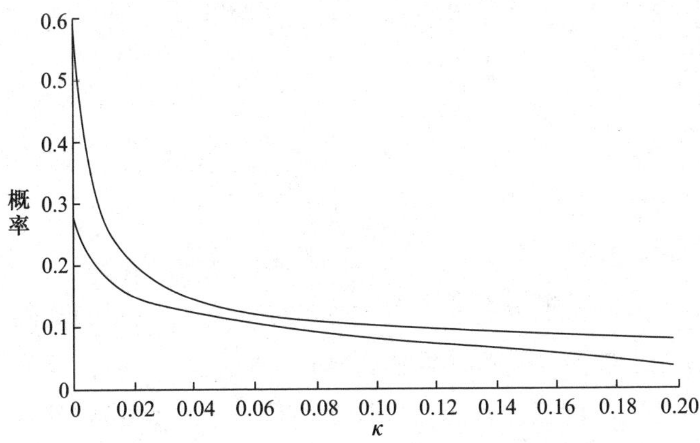

图4－1　κ对期权执行概率的影响

假设借款企业重视自己的信贷评级（即未来获得银行贷款的能力），因为如果企业信用记录良好，就会较容易地获得银行贷款。我们参照大多数研究有形资产抵押的文献把信用成本设定为贷款账面价值的一个固定比例（如Kau，Keenan and Kim）。这里我们假设

信用成本为 κF_t，κ 为贷款账面价值的一个固定比例。$\kappa=0$ 意味着企业不重视自己的信贷评级或者是银行不报告企业的违约记录。随着信用成本 κ 的变化，借款企业的还款行为会发生相应变化。

保持其他参数的取值不变，图 4－1 给出了 κ 的变化对借款企业发生欠款的概率和丧失质押品赎回权（foreclosure）的概率的影响，上面的曲线表示欠款发生的概率，下面的曲线表示丧失质押品赎回权（foreclosure）发生的概率。在企业不重视自己的信贷评级或者是银行不报告企业的违约记录的情况下，从图 4－1 我们可以看到，发生欠款的概率非常高（接近 60%），并且相应的丧失质押品赎回权（foreclosure）的概率也非常高（接近 30%）。但是，随着 κ 的增加，欠款的概率和丧失质押品赎回权（foreclosure）的概率迅速下降。所以银行应该强化信用记录的重要性，让企业重视自己的信用评级，比如对信用记录良好的忠实客户，在贷款利率和授信额度等方面给予优惠政策。资信状况好的企业一般都很看重信誉，如约归还贷款的可能性比较大；而资信状况较差的企业发生欠款和违约的可能性都比较大。

第五节　本章小结

本章在上一章弱专利质押贷款期权定价分析模型的基础上，引入了借款企业在丧失质押品赎回权（foreclosure）前有恢复处于欠款状态的质押贷款的权力，建立了关于借款企业违约管理过程的更加具体的期权分析模型，这个模型便于我们对银行的损失减少措施有效性进行分析。

研究结果表明，随着波动率 σ 的增大，提前付款的概率减小，但是欠款的概率增大，丧失质押品赎回权（即违约）的概率和恢复处于欠款状态的质押贷款的概率也随之增大。当波动率 σ 较高并且专利风险较低时，恢复处于欠款状态的质押贷款的概率最大。在商业化专利项目利润流较稳定和专利风险较低时，提前付款的概率达到最大。增大专利风险参数 P 会导致丧失质押品赎回权（即违约）的概率增大。值得注意的是，在专利质量水平比较高的时期，恢复质押贷款的概率是比较大的。这也表明，在专利质量总体水平比较好的时期，银行采取激励借款企业恢复处于欠款状态的质押贷款的措施是合理的。另外，随着专利风险的增大，质押贷款合同被迫提前终止的概率增大，因而如约执行还款计划的概率、发生欠款的概率和恢复处于欠款状态的质押贷款的概率自然而然地也随之降低。

任何一种损失减少管理战略的有效性主要是看最终的违约损失是否会降低。延长规定的欠款期τ对处于欠款状态的质押贷款有正面的影响；但对提前还款概率的影响非常小。银行可以通过减少罚金比例 $\kappa d(\tau)$ 来激励处于欠款状态的借款企业恢复质押贷款，这一措施对总的违约损失会产生两种相反的效应，一方面增加了发生欠款的可能性，另一方面降低了恢复质押贷款的成本（增加恢复处于欠款状态的质押贷款的概率）。因而，在大多数情况下，免除欠款罚金会增大欠款的发生率，但是不一定会降低丧失质押品赎回权的发生率。这一结果表明，免除欠款罚金的违约管理政策未必能降低总的违约损失。另外，企业的资信状况的好坏也会对专利质押贷款产生比较大的影响，银行方面应该强化信用记录的重要性，让企业重视自己的信用评级，比如对信用记录良好的忠实客户，在贷款利率和授信额度等方面给予优惠政策。

第五章　不对称信息下的弱专利质押贷款博弈模型

对某一特定的借款企业来说，借款企业的风险类型是属于企业的私人信息，银行一般是无法知道的，这种信息不对称在现实中比较普遍。贷款人与银行之间的这种信息非对称在科技型中小企业的技术融资中表现得更为突出，银行对借款企业的信息知之甚少，因而无法区分借款企业是高风险类型还是低风险类型。首先，弱专利质押贷款具有特有的专业性，充满了其他类型的融资所没有的风险和复杂问题，诸如市场的不确定性、专利的无形资产特性、专利诉讼风险和技术的不确定性等因素。其次，不同于上市公司融资，银行要获取这些中小企业或者企业主的信息比较困难，因而收集和处理这些信息的成本也比较大。所以不对称信息在弱专利质押贷款中更加实际，银行无法获得面对的是一个高风险类型的企业还是一个低风险类型企业的信息。本章考虑在非对称信息下银行提供的质押贷款合同能否有效地对不同类型的借款企业进行分离，诱导不同类型的企业选择不同的贷款合同，通过提供一组不同的合同菜单来作为一种自我选择机制，以此来缓解信息不对称。

第一节　不对称信息下的弱专利质押贷款基本模型

中小企业特别是科技型中小企业具有明显的资本薄弱、非线性增长的特性，发行股票和债券进行融资通常受到种种限制，也难以满足银行的信贷标准，在用项目本身对贷款进行担保的同时，企业可以将持有的专利权为贷款提供质押；但是专利价值难以评估、不确定性较大、处置难和存在诉讼风险等特点，不利于质押贷款业务的发展，可以采用专利质押和有形资产抵押混合贷款融资业务来提高银行开展质押贷款业务的积极性。比如北京市知识产权质押贷款业务主要有以下模式：第一，中小企业利用自有知识产权质押贷款的融资业务。科技型中小企业以优质专利等知识产权质押方式进行担保。第二，专门针对专利技术交易的融资业务。银行给专利权购买方发放贷款，使其能够购买先进的专利技术，借款的担保方式是以专利权进行质押。第三，自有知识产权质押和固定资产抵押混合贷款融资业务。借款的担保方式除有形资产抵押外，同时接受以优质专利等知识产权进行的质押。

假设银行提供的贷款合同条款仍然为 L、R、C，L 是贷款数额，R 是贷款利率，并且 $R>r$，C 为质押率，即有形资产质押物价值与贷款总量的比率。当借款企业没有可以用于抵押的有形资产时，$C=0$。在质押贷款到期时，如果贷款期内项目收益 V_T 超过还款额 F_T，企业将如约执行还款计划；否则，首先有形资产被清算（$C>0$ 时），其次是专利被清算，以补偿银行无法收回贷款的损失，如果清算后仍有余额，则还款后清算余额返还给企业。专利以概率 δ 成功地进行清算的价值为 $f(\Pi_t, T_P-t)$。

在 t 时刻，专利价值 P_t 为专利有效期内受专利保护下的项目价值与无专利保护下项目价值之差。其中专利保护下的项目价值我们采用第二章第二节的评估模型。[①] 两个相同项目在受专利保护和不受专利保护情况下净现金流是不同的，在我们的分析中，假设后者是前者的一定比例 Q，服从如下的随机过程：

$$dQ=\mu Qdt+\delta Qdz \qquad (5-1)$$

① 本节分析的目的不是为了考察弱专利质押贷款中嵌套的期权以及期权的执行对贷款价值的影响，而是研究在非对称信息下，银行如何对高风险的企业和低风险的企业进行筛选，因此简化分析，将诉讼风险用跳扩散过程刻画。

如果借款企业违约，会产生违约的负效用，违约成本为 $D=\kappa F_t$。违约成本的大小可以反映借款企业违约可能性的大小，在一定程度上体现了质押贷款合同风险的大小。有低违约成本的企业（高风险类型的企业）比有高违约成本的企业（低风险类型的企业）执行违约期权的可能性更大。Quigley 和 Van Order 的研究认为贷款模型中应该考虑借款人在违约情况下产生的交易成本（或违约成本）。这些成本包括通常在违约之后带来的信用损失。借款企业违约的交易成本（在本节的模型中是 D）一直以来都是基于期权的违约定价模型中考虑的重要问题，一些理论研究把违约看作是看跌期权的执行（Kau et al.），即一旦抵押物的价值低于抵押贷款的价值就立即执行违约期权，本书的第三章关于诉讼风险下的专利质押贷款期权定价模型也是采用了这样的处理方法。也有一部分理论研究认为即使违约期权是时值期权借款企业也不愿意去执行它，目的是避免违约带来的负效用（Foster and Van Order，Titman and Torous，Riddiough and Thompson）。本章的研究关注的重点不是关于借款企业是否违约的决策或者违约期权定价模型，所以采用了第二种理论研究的处理方法。

因而，在 T 时刻，企业财富的价值 $B_T(L,\ R,\ c)$ 和银行从质押贷款合同获得利润 $L_T(L,\ R,\ c)$ 分别为：

$$B_T(L,\ R,\ c)=(V_T+C_T+P_T-F_T)\cdot 1_{\{V_T+C_T\geqslant F_T\}}+[\delta(V_T+C_T+f(\Pi_T,\ T_P-T)-F_T)+(1-\delta)(-D)]\leqslant 1_{\{V_T+C_T<F_T\leqslant V_T+C_T+f(\Pi_T,T_P-T)\}}+(-D)1_{\{V_T+C_T+f(\Pi_T,T_P-T)<F_T\}} \tag{5-2}$$

$$L_T(L,\ R,\ c)=F_T 1_{\{V_T+C_T\geqslant F_T\}}+(\delta F_T+(1-\delta)(V_T+C_T))\leqslant 1_{\{V_T+C_T<F_T\leqslant V_T+C_T+f(\Pi_T,T_P-T)\}}+(\delta(V_T+C_T+f(\Pi_T,\ T_P-T))+(1-\delta)(V_T+C_T))1_{\{V_T+C_T+f(\Pi_T,T_P-T)<F_T\}} \tag{5-3}$$

$1_{\{.\}}$ 表示指示函数。相对于项目价值和专利价值，有形资产质押物的不确定性很小，因而假设在贷款到期日有形资产质押物价值 $C_T=Lc\cdot e^{r\cdot T}$。

在风险中性期望 $E^Q(\cdot)$ 下，给定贷款合同 $(L,\ R,\ c)$，在 $t=0$ 时刻，企业财富的期望贴现值 $B_0(L,\ R,\ c)$ 和银行从质押贷款合同获得利润的期望贴现值 $L_0(L, R, c)$ 分别为：

$$B_0(L, R, c) = e^{-r \cdot T} \cdot E^Q[B_T(L, R, C_T)], \tag{5-4}$$

$$L_0(L, R, c) = e^{-r \cdot T} \cdot E^Q[L_T(L, R, C_T)], \tag{5-5}$$

如果企业通过银行质押贷款进行技术融资的成本过高，那么企业就有其他外部选择倾向，即将专利许可给竞争对手企业获得相应的许可收益来进行技术融资。贷款利率越高，企业融资成本越大，导致企业的外部选择激励越大。设企业获得的专利许可收益为 A，作为专利的保留价值。借款企业的效用函数 U 取决于企业的财富和收入水平（Han，Fraser and Storey，Posey and Yavas，Brueckner）。企业选择使其效用最大化的贷款规模和贷款利率，并保证企业贷款权益价值不低于专利保留价值 A。企业贷款权益价值必须高于专利保留效用，否则企业将专利许可给竞争对手企业以获得相应的许可收益来进行技术融资而不接受银行的贷款，因此企业的最低效用等于专利保留效用。在风险中性下，企业进行专利质押贷款的期望效用为期初资产和财富加上预期收益的期望贴现值，即：

$$U(L, R, c) = B_0(L, R, c) \tag{5-6}$$

同借款企业一样，假设银行也是风险中性的。银行贷款给接受合同（L，R，C）的借款企业的期望利润函数为：

$$\pi(L, R, c) = L_0(L, R, c) - L \tag{5-7}$$

假设银行是风险中性和完全竞争的。基于已有的不对称信息下的有形资产质押贷款市场问题研究，本书做出如下两点假设：第一，不存在交叉补贴，这是保证均衡存在的必要条件。如果存在交叉补贴，银行可以提供不同的激励相容合同来吸引所有的企业贷款，虽然在一些贷款合同中银行得到的期望利润为负，但是这个损失可以从其他的有正的期望利润的贷款合同中得到弥补，这样的均衡在竞争中是无法维持的。因而质押贷款合同必须保证银行的期望利润是非负的；如果合同使得银行的期望利润为负，那么银行就不会提供这些合同。第二，专有性，即借款企业至多只能申请一个合同。借款企业只能从一家银行贷款，银行可以监控企业申请者的贷款行为。

沿用 Hellwig 的模型，信贷市场的竞争可以看作三阶段的博弈模型：第一阶段是银行设计合同；第二阶段是企业申请合同；第三阶段是银行决定是否接受借款企业的合同申请。

借款企业（科技型中小企业）也是风险中性和完全竞争的。假设市场中存在两种类型的借款企业：高风险类型的企业 H，低风险类型的企业 L，高风险类型企业和低风险类型企业的划分是站在银行的角度。在我们的模型框架下，对高风险类型的企业和低风险类型的企业进行区分的特征有很多。相对于高风险类型的借款企业 H，低风险类型的企业 L 有较高的商业化专利项目的利润流初值 Π_0、较低的专利项目利润流的波动率 σ、较低的专利诉讼风险、专利拍卖价值比率 ρ 和专利转让成功率 δ 较高，因而违约的风险也较低。明显地，除了这些因素外，还有其他一些因素也会影响借款企业的违约风险，最显著的一个因素是质押物价值下降到低于贷款的未结清余额。但是，我们这里研究的目的不是考察违约风险的决定因素，而是研究与违约风险相关的某一具体企业特征对不同风险类型的借款企业选择不同类型质押贷款合同的影响。我们通过以下方式模拟非对称信息：除了某一特定的特征，银行和借款企业对于与贷款相关的其他所有的特征是完全知道的。在 Bester，Chan 和 Kanatas 以及 Besanko 和 Thakor 的研究中指出，银行与借款人之间的信息非对称与借款人项目的风险属性有关。在这种情况下，与高风险类型的借款企业相比，低风险类型的企业因为项目的风险小违约的概率也较低。

第二节 最优合同

已经定义了银行的零利润合同和借款企业的效用函数，我们下面来刻画最优的贷款合同（first - best contracts）。银行通过审查技术和模型能够区分高风险类型的借款企业和低风险类型的借款企业，银行企业之间信息完全透明化，银行对不同风险类型的企业分配不同类型的合同，这些合同使得借款企业的期望效用最大且不能低于其进行专利许可的保留效用，同时保证银行的利润非负。

在第二章第二节商业化专利项目利润流服从跳扩散过程和利用蒙特卡洛模拟方法模拟利润流 Π_t 的动态过程的基础上，根据式（5－2）和式（5－3），我们可以计算得到质押贷款到期时刻 T 的专利价值 P_T 和商业化专利项目收益 V_T。按照式（5－4）和式（5－5），可得到质押贷款到期时刻 T 的企业权益价值 B_T（L，R，C_T）和银行贷款价值 L_T（L，R，C_T），每次模拟后，我们都可以得到企业权益价值 B_T（L，R，C_T）和银行贷款价值 L_T（L，R，C_T）的一个估计，模拟很多次后，我们就可以得到很多个企业权益价值 B_T（L，R，C_T）和银行贷款价值 L_T（L，R，C_T）估计，再用无风险利率贴现到当前0时刻，取这些估计值的算术平均值就得到当前时刻企业权益价值 B_0（L，R，C）和银行贷款价值 L_0（L，R，C）。再根据式（5－6）和式（5－7），直接计算得到企业进行专利质押贷款的期望效用 U（L，R，C_0）和银行的利润函数 π（L，R，C_0）。

前面提到知识产权质押贷款有不同的模式，贷款合同的设计也是多维的，其中贷款合同利率 R、质押物 C 和贷款数额 L 都可被用来作为对高低风险类型的借款企业进行筛选。如果借款企业有足够的有形资产进行质押，那么银行就能通过贷款合同利率 R 和质押物 C 对借款企业进行筛选；否则就只能通过贷款数额 L 和贷款合同利率 R 来进行筛选。

一　（*R*，*C*）筛选机制

如果借款企业有足够的有形资产进行质押，那么银行就能通过贷款合同利率 R 和质押物 C 对借款企业进行筛选。银行对高风险的借款企业提供的贷款合同为（R^H，C^H），对低风险的借款企业提供的贷款合同为（R^L，C^L）。假设借款企业的其他特征是一样的，高风险的企业商业化专利项目利润流的波动率 σ^H 高于低风险的企业商业化专利项目利润流的波动率 σ^L，$\sigma^H>\sigma^L$。在后面我们会进一步放松这个假设，即借款企业的其他特征（商业化专利项目的利润流初值 Π_0、专利诉讼风险、专利拍卖价值比率 ρ 和专利转让成功率）

也是不同的。

把不同的商业化专利项目利润流的波动率代入式（5－6），会得到不同的效用函数，分别记作 U^L（L，R，C_0）和 U^H（L，R，C_0），这些效用函数的无差异曲线有不同的斜率。对于给定的一点（R，C），低风险类型企业的无差异曲线比高风险类型企业的无差异曲线更平缓一些。商业化专利项目利润流的波动率的不同也产生不同的银行利润函数和零利润曲线，分别记作 π^L（L，R，C）和 π^H（L，R，c）。图 5－1 给出了在（R，C）筛选机制下贷款给不同风险类型的企业时均衡的质押贷款合同的特征。

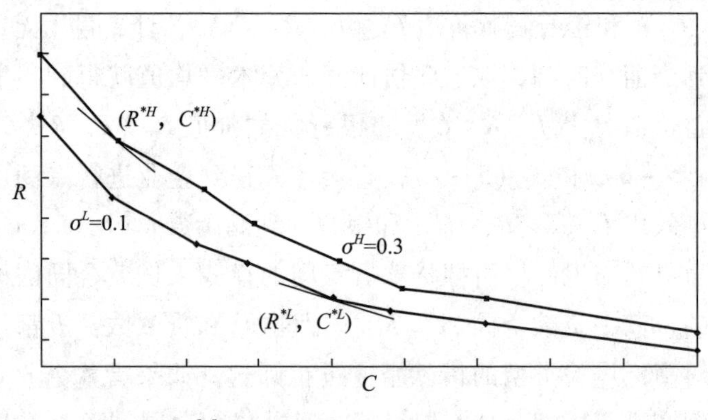

（$\Pi_0 = 0.7L^{0.5}$，$L = 10$，$T = 5$，$T_P = 3$，$\kappa = 0.2$，$A = 5$）

图 5－1　筛选机制下最优的贷款合同

在图 5－1 中，上面的黑色实线表示贷款给高风险类型的企业时（$\sigma^H = 0.3$）银行的零利润曲线，下面的黑色实线表示贷款给低风险类型的企业时（$\sigma^L = 0.1$）银行的零利润曲线。如果借款企业提供质押，那么发生有成本的违约的可能性就会减小，因而银行愿意提供给企业一个更有利的贷款合同，即适当地降低贷款合同利率。对于低风险类型的企业，银行会提供一个比高风险类型企业的合同更有利的贷款合同条款，如图 5－1 所示，贷款给高风险类型企业的零利润曲线要高于贷款给低风险类型企业的零利润曲线：在相同的质押率下，对低风险类型企业要求的贷款合同利率更低；在相同的贷款合同利率下，对低风险类型企业要求的质押率更低。因为银行是完全竞争的，意味着银行只能获得零利润，所以均衡的质押贷款合同只能位于零利润曲线上，π^i（L，R，c）$=0$，其中 $i=\{L, H\}$。无差异曲线越低，代表的企业的效用就越大，因而最低的无差异曲线和银行的零利润曲线相切的点就是均衡的最优质押贷款合同，如图 5－1 中的切线。在上述参数假设条件下，可知贷款给高风险类型的企业（$\sigma^H=0.3$）的最优均衡贷款合同为（R^{*H}，C^{*H}），贷款给低风险类型的企业（$\sigma^L=0.1$）的最优均衡贷款合同为（R^{*L}，C^{*L}），并且有 $R^{*L}<R^{*H}$，$C^{*L}>C^{*H}$。在满足竞争性银行零利润的假设条件下，低风险类型的企业（$\sigma^L=0.1$）会选择一个较低利率（R^{*L}）和较高质押率（C^{*L}）的贷款合同组合来最大化自己的期望效用；高风险类型的企业（$\sigma^H=0.3$）会选择一个较高利率（R^{*H}）和较低质押率（C^{*H}）的贷款合同组合来最大化自己的期望效用。这个结果同 Bester 和 Han、Fraser 和 Storey 的理论研究结果是一致的。在贷款违约的情况下，提供质押是有代价的。好企业的违约风险比较低，因而失去质押物的风险也相应地较低，相比于差企业，好企业因为有较低的违约概率因而提供质押的代价比较低，所以好企业愿意选择一个高质押率低贷款利率的合同；相反地，差企业的违约风险比较高，因而失去质押物的风险也相应地较高，所以差企业愿意选择一个低质押率高贷款利率的合同。

二　（L，R）筛选机制

科技型中小企业一般缺乏有形资产抵押担保物，因而银行就只能通过贷款数额 L 和贷款合同利率 R 对不同风险类型的企业进行筛选。图 5－2 给出了在（L，R）筛选机制下贷款给不同风险类型的企业时均衡的质押贷款合同的特征。

在图 5－2 中，上面的黑色实线表示贷款给高风险类型的企业时（$\sigma^H=0.3$），银行的零利润曲线，下面的黑色实线表示贷款给低风险类型的企业时（$\sigma^L=0.1$）银行的零利润曲线。如图 5－2 所示，贷款给高风险类型企业的零利润曲线要高于贷款给低风险类型企业

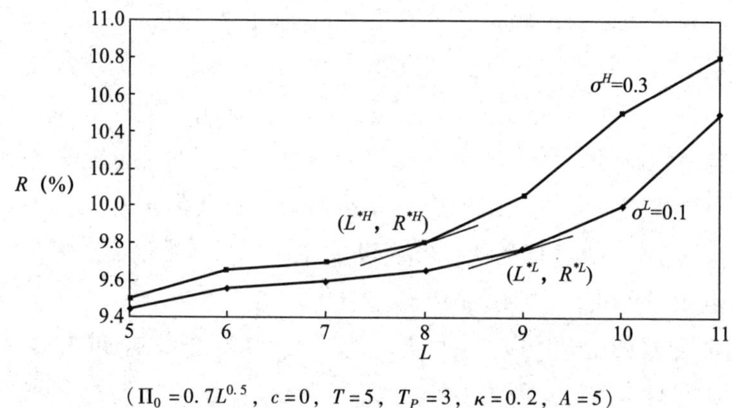

（$\Pi_0=0.7L^{0.5}$，$c=0$，$T=5$，$T_P=3$，$\kappa=0.2$，$A=5$）

图 5－2 筛选机制下最优的贷款合同

的零利润曲线：在相同的贷款额度下，对低风险类型企业要求的贷款合同利率更低；在相同的贷款合同利率下，对低风险类型企业贷款额度更高。这是因为在任意给定的贷款额度下，高风险类型企业违约的可能性更大，也就意味着在贷款到期日没有违约的情况下，它要支付较多的本利才能与银行贷款给低风险类型企业获得的利润相匹配。同样地，无差异曲线越低，代表的企业的效用就越大。最优均衡合同（first－best contracts）是在满足竞争性银行零利润的条件下，每种类型的借款企业最大化自己的期望效用。最低的无差异曲线和银行的零利润曲线相切的点就是均衡的最优质押贷款合同，如图 5－2 中的切线。贷款给高风险类型的企业（$\sigma^H=0.3$）的最优均衡贷款合同为（R^{*H}，C^{*H}），贷款给低风险类型的企业（$\sigma^L=0.1$）的最优均衡贷款合同为（R^{*L}，C^{*L}）。由图 5－2 可知，$R^{*L}<R^{*H}$，在最优贷款合同下，高风险类型企业的贷款利率要高。图 5－2 也显示，高风险类型企业的贷款合同位于低风险类型企业贷款合同的左边，有 $L^{*H}<L^{*L}$。银行贷款给低风险类型企业的合同利率要低于高风险类型的企业，贷款额度也高于高风险类型企业。

第三节　分离均衡合同

对某一特定的借款企业来说，借款企业的风险类型是属于企业的私人信息，银行一般是无法知道的，这种信息不对称在现实中比较普遍。贷款人与银行之间的这种信息非对称在科技型中小企业的技术融资中表现得更为突出，银行对借款企业的信息知之甚少，因而无法区分借款企业是高风险类型还是低风险类型。首先，“弱”专利质押贷款具有特有的专业性，充满了其他类型的融资所没有的风险和复杂问题，诸如市场的不确定性、专利的无形资产特性、专利诉讼风险和技术的不确定性等因素。其次，不同于上市公司融资，银行要获取这些中小企业或者企业主的信息比较困难，因而收集和处理这些信息的成本也比较大。所以不完全信息在“弱”专利质押贷款中更加实际，银行无法获得面对的是一个高风险类型的企业还是一个低风险类型企业的信息。

一般来说，在完全竞争市场环境下的非对称信息模型依据知情方（informed parties）和不知情方（uninformed parties）博弈双方谁先行动可以分为两类。博弈双方行动顺序的不同对均衡的结果有非常重要的意义（见 Thakor 对这些模型应用到金融领域的文献综述）。在知情方（informed parties）先行动的模型中（Spence and Leland and Pyle），比如在劳动力市场里，劳动者获得一定水平的教育目的是向公司表明他们的生产效率水平，最终结果可能是分离均衡、混同均衡，或者是没有均衡结果。另外，在不知情方（uninformed parties）先行动的模型中（Rothschild and Stiglitz，Jaffee and Rusell，Milde，Riley and Bester），比如在保险市场里，保险公司在不知道投保人风险类型的情况下向其提供合同条款，如果存在纳什均衡的话，一定是零利润分离均衡。不知情方（uninformed parties）先行动的这类模型也被称为筛选模型。我们的模型属于后者这一类。

下面我们考虑在非对称信息下，银行提供的质押贷款合同，目的是能有效地对不同类型的借款企业进行分离，诱导不同类型的企业选择不同的贷款合同，通过提供一组不同的合同菜单来作为一种自我选择机制，以此来缓解信息不对称。具体来讲，银行通过提供不同质押率、贷款量和贷款利率的合同对企业进行筛选。如果借款企业有一定的有形资产向银行提供质押，那么质押率 C 和贷款利率 R 均可用来对不同风险类型的企业进行筛选，如图 5－1 所示：低风险类型的企业愿意提供质押率 C 来获取较小的贷款利率 R；相反地，高风险类型的企业往往不愿承担较高的质押率 C，其失败的概率较高因而失去质押的可能性也更大。在（R，C）筛选机制下，银行通过提供激励相容的合同菜单有效地对借款企业进行了分离，使企业暴露了自己真正的类型：低风险类型企业愿意选择一个高质押率低贷款利率的合同；高风险类型企业愿意选择一个低质押率高贷款利率的合同。借款企业并没有受到非对称信息的影响，非对称信息下的均衡贷款合同就是最优合同（first－best contracts）。如果借款企业缺乏有形资产抵押担保物，那么银行就只能通过贷款数额 L 和贷款合同利率 R 对不同风险类型的企业进行筛选。在非对称信息下，如果银行提供两种如图 5－2 所示的最优合同（first－best contracts），$L^{*H}<L^{*L}$和 $R^{*L}<R^{*H}$，那么这两种类型的企业都会选择提供给低风险类型企业的合同，因为低风险类型企业的合同贷款额度大并且贷款利率低，高风险类型的企业有模仿低风险类型企业的动机。银行提供给低风险类型企业的合同会获得零利润，如果高风险类型的企业模仿低风险类型的企业也选择这样的合同，那么就会给银行带来损失，如图 5－2 所示，L^{*L}，R^{*L}位于高风险类型企业零利润曲线的下面。由于银行总的利润是负的，因而在非对称信息情况（L，R）筛选机制下，最优贷款合同（first－best contracts）结果不会在均衡中出现。问题的根源是：不同于在完全信息情况下，银行知道借款企业的类型因而能够把不同的合同分配给特定类型的借款企业。而在非对称信息的情况下，借款企业的类型是私人信息，银行不能识别出不同的企业类型，因而就不能够就不同的贷款合同分配给它们。由于这种障碍，如果银行让不同类型的借款企业在提供的最优贷款

合同（first－best contracts）中自由进行选择，那么在上面的情况下银行就会遭受损失。

在非对称信息下，质押贷款市场和保险市场非常相似，保险公司不能很容易地将高风险的申请人（健康状况不好，开车速度快或技术差）同那些低风险的申请人（健康状况良好，开车技术好）区别开来。在非对称信息下的保险市场问题研究中，最经典的研究是 Rothschild 和 Stiglitz，他们分析了这种信息不对称对保险市场中合同选择的影响。本节沿用了 Brueckner 的分析方法考察了非对称信息对质押贷款合同的影响。他们的研究结果证明了非对称信息会扭曲抵押贷款市场中的合同选择，不利于安全的借款人（safe borrowers），贷款量不能满足它们的最优资金需求，均衡合同下的贷款额度要小于它们最优的贷款额度。安全的借款人面临的障碍是对于较高额度的贷款合同，贷款利率设定得太高以至于这样的贷款合同只吸引有风险的借款人（risky borrwers），对有风险的借款人是有利可图的，他们如约归还贷款的可能性要比安全的借款人低。安全的借款人愿意对高额度的贷款支付一个公平的贷款利率（对它们较低风险的一种补偿），但是银行不会提供这样的贷款合同，因为这样的贷款合同会吸引有风险的借款人，会给银行带来一定的损失。

在非对称信息情况（L，R）筛选机制下，最优贷款合同（first－best contracts）结果在均衡中被排除，但是均衡的质押贷款合同仍然存在，本节的讨论仍沿用 Rothschild 和 Stiglitz 的分析方法和 Brueckner 对 Rothschild 和 Stiglitz 的理论扩展，考察非对称信息情况（L，R）筛选机制下均衡的质押贷款合同。参考他们的理论研究，均衡是一组质押贷款合同集，并且能够把这些合同分配给不同类型的企业，使得：①银行获得零利润；②在给定的质押贷款合同集下，不存在其他的合同能吸引借款企业同时使银行获得一个非负的利润。

首先经济体中是不会出现混同均衡的，即对所有的借款企业提供同一类型的贷款合同（L^{*p}，R^{*p}）。银行要获得零利润，这样的混同均衡合同必须位于如图 5－2 所示的两条零利润曲线之间，银行贷款给高风险类型企业的损失被贷款给低风险类型企业获得的正的利润所抵消。一个混同均衡合同（L^{*p}，R^{*p}）必须满足 $\varpi\pi^H(L^{*p}, R^{*p})+(1-\varpi)\pi^L(L^{*p}, R^{*p})=0$，其中 ϖ 是贷款企业中高风险类型企业占的比例。由于不满足条件（ⅱ），因而经济体中最终不会出现这样的均衡结果。因为存在其他的替代合同，位于（L^{*p}，R^{*p}）的西南边，在高风险类型企业的无差异曲线之上，低风险类型无差异曲线之下（Brueckner）。较低的无差异曲线代表较高的企业效用，位于这个位置的任意贷款合同，仅仅只会吸引低风险类型的借款企业，同时银行也会获得正的利润，因为它位于贷款给低风险类型企业零利润曲线之上。

经济体中的混同均衡贷款合同被排除，非对称信息下的均衡合同一定是对于不同类型的借款企业提供不同的贷款合同。

一　分离均衡合同的特征

在分离均衡下，银行通过提供两种不同的合同（L^H，R^H）和（L^L，R^L）能够识别借款企业的类型，并且分离均衡合同满足如下条件：

（1）银行从质押贷款合同所获得的期望利润为0，亦即：

$$\pi^H(L^H, R^H)=0,\ \pi^L(L^L, R^L)=0 \tag{5-8}$$

在银行之间是相互竞争的和银行之间没有交叉补贴的假设下，银行从质押贷款合同所获得的期望利润为0。

（2）激励相容约束条件（IC）：每个借款企业都会根据自己的风险类型（高风险或低风险），最大化自己的期望效用为目标，选择银行为特定类型制定的特定合同，模仿其他类型企业的合同是无利可图的。

$$U^H(L^H, R^H)\geqslant U^H(L^L, R^L) \tag{5-9}$$

$$U^L(L^L, R^L)\geqslant U^L(L^H, R^H) \tag{5-10}$$

（3）企业贷款的期望效用必须高于专利保留效用，否则企业将专利许可给竞争对手企业获得相应的许可收益来进行技术融资而不接受银行的贷款。

（4）在给定的质押贷款合同集下，不存在其他的合同能吸引借款企业同时使银行获得一个非负的利润。

式（5－9）和式（5－10）是激励相容条件（IC），每一类型的借款企业选择符合其类型特征的贷款合同是最优的。激励相容的合同菜单能够发挥作用是因为低风险类型企业和高风险类型企业对于贷款量和利率的边际效用是不同的。虽然银行不能直接观察到借款企业的风险类型，但是借款企业对质押贷款合同的选择可以作为风险类型的一种信号，使得银行能够对高风险的企业和低风险的企业进行筛选。由于这种筛选机制，当借款企业选择某一特定的贷款合同时，银行就能够识别借款企业的类型。

质押贷款市场均衡的特征类似于 Rothschild 和 Stiglitz 的模型结果。最重要的特征之一是高风险类型的企业不受非对称信息的影响，非对称信息下的均衡贷款合同就是最优合同（first－best contracts），（L^{*H}，R^{*H}）。对于高风险类型企业的均衡贷款合同确定后，式（5－9）和式（5－10）被用来确定低风险类型企业的均衡贷款合同，记作（$\hat{L}^L$，$\hat{R}^L$），它位于高风险类型企业通过（L^{*H}，R^{*H}）点的无差异曲线上，阻止了高风险类型的企业去模仿低风险类型的企业；同时又位于银行贷款给低风险类型企业的零利润曲线上。贷款合同（L^{*H}，R^{*H}）和（$\hat{L}^L$，$\hat{R}^L$）满足激励相容约束条件（IC），分别被高风险类型的企业和低风险类型的企业所选择，不会出现高风险类型的企业去模仿低风险类型的企业；而且在每种情况下，相应的银行利润水平是零。但是，在专利质押贷款的特殊环境下，企业贷款的期望效用必须高于专利保留效用，否则企业将专利许可给竞争对手企业获得相应的许可收益来进行技术融资，质押贷款合同无法达成。

银行必须诱导不同类型的借款企业选择不同的零利润合同。虽然银行可以对低风险类型的企业提供一个更有利的贷款合同（高贷款额度或低贷款利率）作为对低风险属性的一种补偿，但是银行必须避免出现这种合同吸引高风险类型企业的情况，以实现对不同类型的借款企业的分离。这种分离的实现是以减少低风险类型借款企业的贷款额度为代价的，使其在分离均衡下的最优贷款量偏离其在最优合同（first - best contracts）下的贷款量，$\hat{L}^L < L^{*L}$，因而（$\hat{L}^L$，$\hat{R}^L$）位于高于（L^{*L}，R^{*L}）点所在的无差异曲线上，意味着较低的效用水平，因为无差异曲线越高代表的企业效用越低。低风险类型的借款企业不能从其低风险的属性中获益，相反地，其均衡贷款合同被扭曲，目的是使高风险类型的借款企业模仿低风险类型的借款企业是无利可图的。

贷款市场的扭曲使得低风险类型的借款企业的贷款额度 $\hat{L}^L$ 低于其在最优合同（first - best contracts）下的贷款量 L^{*L}。相反地，高风险类型的借款企业的贷款额度等于其在最优合同（first - best contracts）下的贷款量 L^{*H}。因而，同 Stiglitz 和 Weiss 的研究一样，非对称信息导致贷款市场的信贷配给，通过（L，R）进行筛选是以减少低风险类型企业的贷款额度为代价的。

二 比较静态分析

在理想的情况下分离均衡是存在的，银行通过提高两种不同的合同（L^{*H}，R^{*H}）和（L^{*L}，R^{*L}）能够识别出借款企业的风险类型。现在我们考虑在非对称信息下对于借款企业的不同特征分离均衡的特性以及借款企业不同特征的参数值的变化对非对称信息引起贷款合同的扭曲程度大小。

1. 商业化专利项目的利润流 Π_0

假设银行不能精确地获得企业商业化专利项目的利润流大小的信息，借款企业的其他特征是完全可以获得的。高风险类型企业商业化专利项目利润流较大，低风险类型企业商业化专利项目利润流较小，即 $\Pi_0^H < \Pi_0^L$。因为低风险类型企业商业化专利项目的利润流 Π_0^L 高于高风险类型企业商业化专利项目的利润流 Π_0^H，在知道借款企业类型的情况下，银行贷款给低风险类型企业的合同贷款额度大并且贷款利率低，贷款给高风险类型企业的合同贷款额度较小并且贷款利率较高，$L^{*H} < L^{*L}$和 $R^{*L} < R^{*H}$。因为银行是完全竞争的，意味着银行只能获得零利润，所以均衡的质押贷款合同只能位于零利润曲线上，$\pi^i(L, R, c) = 0$。对于低风险类型的企业，银行会提供一个比高风险类型企业的合同更有利的贷款合同条款，因此贷款给

高风险类型企业的零利润曲线要比贷款给低风险类型企业的零利润曲线陡峭一些。同样地，无差异曲线越低，代表的企业的效用就越大，无差异曲线向右下方移动代表的企业效用越高，越往左上方移动代表的效用越低；低风险类型企业的无差异曲线比高风险类型企业的无差异曲线更平缓一些。同时企业贷款的期望效用必须高于专利保留效用，否则企业将专利许可给竞争对手企业获得相应的许可收益来进行技术融资而不接受银行的贷款。

表5－1的数值例子给出了 Π_0 不对称信息下的比较静态结果。高风险类型企业商业化专利项目利润流 $\Pi_0^H=0.02$，低风险类型企业商业化专利项目利润流 $\Pi_0^L=0.04$。

表5－1　商业化专利项目的利润流 Π_0 不对称信息下的数值例子

	初始参数取值	降低 Π_0^H
Π_0^H	0.02	0.01
L^{*H}	9	8
R^{*H}	9.8%	10.2%
U^{*H}	9.4	4.97
$\hat{L}^L$	6	5
$\hat{R}^L$	9.2%	9.15%
$\hat{U}^L$	16.4	15.7
$\frac{\hat{U}^L}{U^{*L}}$	80%	77%
其他参数取值		
贷款期限，T	3年	
专利有效期，T_P	5年	
违约成本，κ	0.2	
专利拍卖价值比率，ρ	3.5	
跳扩散过程强度，λ	3	
跳扩散过程的波动率，χ	0.8	

续表

	初始参数取值	降低 Π_0^H
拍卖成功概率，δ	0.7	
σ	0.1	
Π_0^L	0.04	
L^{*L}	10	
R^{*L}	9.3%	
U^{*L}	20.5	

在基本参数取值的情况下，高风险类型企业最优的贷款合同为 $L^{*H}=9$ 和 $R^{*H}=9.8\%$，而低风险类型企业最优的贷款合同为 $L^{*L}=10$ 和 $R^{*L}=9.3\%$。满足了竞争性银行零利润的条件，同时使得每种类型的借款企业最大化了自己的期望效用。与图5－2一样，低风险类型企业的最优贷款合同位于高风险类型企业最优贷款合同的右下方。在非对称信息下，银行无法区分借款企业的风险类型，如果银行提供两种最优贷款合同（L^{*L}，R^{*L}）和（L^{*H}，R^{*H}），由于 $L^{*H}<L^{*L}$和 $R^{*L}<R^{*H}$，那么这两种类型的企业都会选择提供给低风险类型企业的合同，因为低风险类型企业的合同贷款额度大并且贷款利率低，高风险类型的企业有模仿低风险类型企业的动机。银行提供给低风险类型企业的合同会获得零利润，如果高风险类型的企业模仿低风险类型的企业也选择这样的合同，那么就会给银行带来损失，L^{*L}，R^{*L}位于高风险类型企业零利润曲线的下面。由于银行总的利润是负的，因而在非对称信息情况下，这样的最优贷款合同（first－best contracts）不会在均衡中出现。依据分离均衡合同条件，对于高风险类型企业的均衡贷款合同确定后，式（5－9）和式（5－10）被用来确定低风险类型企业的均衡贷款合同，其中 $\hat{L}^L=6$，$\hat{R}^L=9.2\%$，它位于高风险类型企业通过（L^{*H}，R^{*H}）点的无差异曲线上，阻止了高风险类型的企业去模仿低风险类型的企业，对高风险类型的企业来说有（$\hat{L}^L$，$\hat{R}^L$）~（L^{*H}，R^{*H}）；同时又位于银行贷款给低风险类型企业的零利润曲线上。贷款合同（L^{*H}，R^{*H}）和

$(\hat{L}^L, \hat{R}^L)$ 满足激励相容约束条件（IC），分别被高风险类型的企业和低风险类型的企业所选择，不会出现高风险类型的企业去模仿低风险类型的企业；而且在每种情况下，相应的银行利润水平是零。这样，银行通过提供不同的贷款合同 (L^{*H}, R^{*H}) 和 $(\hat{L}^L, \hat{R}^L)$ 能成功地把高风险类型的企业和低风险类型的企业分离开来。另外，低风险类型企业的贷款额 $\hat{L}^L$ 要低于高风险类型企业的贷款额 L^{*H}，但是贷款利率 $\hat{R}^L$ 也低于高风险类型企业的贷款利率 R^{*H}。在较低的贷款利率和更高的贷款额之间权衡利弊的话，高风险类型企业倾向于更高的贷款额，因此在效用没有差异的情况下，它更倾向于追求高贷款额的合同 (L^{*H}, R^{*H})。银行因要承担较高的风险，虽然有充足资金却不敢轻易放贷，贷款额度一般都较小；而科技型的中小企业商业化专利项目一般都是长期投资开发项目，需要资金额度大。所以更高的贷款额对借款企业更有诱惑力，即使需要承担的贷款利率较高。

现在分析不对称信息对专利质押贷款合同的扭曲程度。银行必须诱导不同类型的借款企业选择不同的零利润合同。虽然银行可以对低风险类型的企业提供一个更有利的贷款合同（高贷款额度或低贷款利率）作为对它低风险属性的一种补偿，但是银行必须避免出现这种合同吸引高风险类型企业的情况，以实现对不同类型的借款企业的分离。这种分离的实现是以减少低风险类型借款企业的贷款额度为代价的，使其在分离均衡下的最优贷款量偏离其在最优合同（first - best contracts）下的贷款量，如表 5 - 1 所示，$\hat{L}^L = 6 < L^{*L} = 10$；同时企业效用水平也下降，低风险类型企业在最优贷款合同下的效用水平是 $U^{*L} = 20.5$，而在分离均衡下的效用水平是 $\hat{U}^L = 16.4$，福利损失是最优贷款合同下效用水平的 20%。

当高风险类型企业商业化专利项目利润流 Π_0^H 进一步降低 50%，$\Pi_0^H = 0.01$，L^{*H}降低而 R^{*H}升高，这两种相互作用使得高风险类型企业的效用水平下降很多，在该贷款合同 $L^{*H} = 8$ 和 $R^{*H} = 10.2\%$ 下的效用水平低于专利保留效用，因而直接将专利许可给竞争对手企业获得相应的许可收益来进行技术融资更优。如果银行向低风险类型的企业提供最优合同（L^{*L}，R^{*L}），高风险类型的企业会有模仿低风险类型的企业的动机，因为该合同使高风险类型企业的效用高于原本向其提供的贷款合同（L^{*H}，R^{*H}），也高于专利保留效用。因此不对称信息下的均衡贷款合同为（L^{*H}，R^{*H}）和（$\hat{L}^{L}$，$\hat{R}^{L}$），高风险类型的企业不再进行商业化专利项目的投资开发，而是直接将专利许可给竞争对手企业获得相应的许可收益来进行技术融资。对低风险类型的企业提供贷款合同（$\hat{L}^{L}$，$\hat{R}^{L}$），相对于初始参数取值下的情况，$\hat{L}^{L}$ 和 $\hat{R}^{L}$ 都降低了，分别降低到5%和9.15%。低风险类型企业的效用水平也下降到15.7，是最优贷款合同下效用水平的77%，福利损失增大。所以高风险类型企业的风险属性进一步增大（例如降低 Π_0^H）会使得自己的境况变得更加糟糕，低风险类型的企业也从中受到一定程度的伤害。

2. 跳扩散过程波动率 χ 和跳的强度 λ

跳扩散过程波动率 χ 和跳的强度 λ 的大小可以反映专利诉讼风险的大小和强度。假设银行不能精确地获得企业专利诉讼风险方面的信息，借款企业的其他特征是完全可以获得的。高风险类型企业跳扩散过程波动率 χ 和跳的强度 λ 较大，低风险类型企业跳扩散过程波动率 χ 和跳的强度 λ 较小，即有 $\chi^H>\chi^L$ 和 $\lambda^H>\lambda^L$。

表5－2的数值例子给出了专利诉讼风险不对称信息下的比较静态结果。高风险类型企业跳扩散过程波动率和跳的强度分别为 $\chi^H=0.8$ 和 $\lambda^H=3$；低风险类型企业跳扩散过程波动率和跳的强度分别为 $\chi^L=0.7$ 和 $\lambda^L=2$。

表5－2　专利诉讼风险不对称信息下的数值例子

	初始参数取值	增大跳扩散过程波动率 χ^H	增大跳的强度 λ^H
χ^H	0.8	0.9	0.8
λ^H	3	3	4
L^{*H}	9	7	8
R^{*H}	9.8%	9.9%	9.6%
U^{*H}	9.4	7.59	7.9

续表

	初始参数取值	增大跳扩散过程波动率 χ^H	增大跳的强度 λ^H
$\hat{L}^L$	7	6	5
$\hat{R}^L$	9.37%	9.35%	9.3%
$\hat{U}^L$	11.5	11	10.8
$\frac{\hat{U}^L}{U^{*L}}$	90.6%	86.6%	85%
其他参数取值			
贷款期限，T	3年		
专利有效期，T_P	5年		
违约成本，κ	0.2		
专利拍卖价值比率，ρ	3.5		
拍卖成功概率，δ	0.7		
Π_0	0.02		
σ	0.1		
χ^L	0.7		
λ^L	2		
L^{*L}	12		
R^{*L}	9.75%		
U^{*L}	12.7		

在基本参数取值的情况下，高风险类型企业最优的贷款合同为 $L^{*H}=9$ 和 $R^{*H}=9.8\%$，而低风险类型企业最优的贷款合同为 $L^{*L}=12$ 和 $R^{*L}=9.75\%$。同 Π_0 信息不对称下的情况类似，根据分离均衡条件，对于高风险类型企业的均衡贷款合同确定后，其中 $L^{*H}=9$，$R^{*H}=9.8\%$；式（5-9）和式（5-10）被用来确定低风险类型企业的均衡贷款合同，其中 $\hat{L}^L=7$，$\hat{R}^L=9.37\%$，它是高风险类型企业的效用无差异曲线与银行贷款给低风险类型企业相应的零利润曲线的交点，阻止了高风险类型的企业去模仿低风险类型的企业，对高风险类型的企业来说有（$\hat{L}^L$，$\hat{R}^L$）~（L^{*H}，R^{*H}）。银行通过提供这样的贷款合同（L^{*H}，R^{*H}）和（$\hat{L}^L$，$\hat{R}^L$）能成功地把高

风险类型的企业和低风险类型的企业分离开来。

分离均衡的实现是以减少低风险类型借款企业的贷款额度为代价的，如表5－2所示，$\hat{L}^L=7<L^{*L}=12$；同时企业效用水平也下降，低风险类型企业在最优贷款合同下的效用水平是$U^{*L}=12.7$，而在分离均衡下的效用水平是$\hat{U}^L=11.5$，福利损失是最优贷款合同下效用水平的9.4%。

当高风险类型企业跳扩散过程波动率χ^H进一步增大，$\chi^H=0.9$，L^{*H}降低而R^{*H}升高，相应的效用水平也下降，但仍然存在分离均衡合同（L^{*H}，R^{*H}）和（$\hat{L}^L$，$\hat{R}^L$）。对低风险类型的企业提供贷款合同（$\hat{L}^L$，$\hat{R}^L$），相对于初始参数取值下的情况，$\hat{L}^L$和$\hat{R}^L$都降低了，分别降低到6%和9.35%。低风险类型企业的效用水平也下降到11，是最优贷款合同下效用水平的86.6%，福利损失增大。贷款利率差也进一步地增大，由初始参数取值下的$R^{*H}=9.8\%$和$\hat{R}^L=9.37\%$增大到$R^{*H}=9.9\%$和$\hat{R}^L=9.35\%$。

当高风险类型企业跳扩散过程的强度λ^H由3增大到4时，L^{*H}和R^{*H}都降低，分离均衡仍然存在。$\hat{L}^L$和$\hat{R}^L$也都降低了，分别降低到5%和9.3%。低风险类型企业的效用水平也下降到10.8，是最优贷款合同下效用水平的85%，福利损失增大。贷款利率差由初始参数取值下的$R^{*H}=9.8\%$和$\hat{R}^L=9.37\%$缩小到$R^{*H}=9.6\%$和$\hat{R}^L=9.3\%$。

3. 违约成本κ

假设银行不能精确地获得企业违约成本方面的信息，借款企业的其他特征是完全可以获得的。违约成本的大小通过影响借款企业违约的倾向性有助于决定一份贷款合同的风险属性。低违约成本的借款企业（高风险类型企业）比高违约成本的借款企业（低风险类型企业）在同等条件下更容易执行违约期权。高风险类型企业违约成本κ较小，低风险类型企业违约成本κ较大，即有$\kappa^H<\kappa^L$。

表5－3的数值例子给出了违约成本κ不对称信息下的比较静态结果。高风险类型企业违约成本$\kappa^H=0.2$；低风险类型企业违约成本$\kappa^L=0.3$。

表 5-3　　违约成本 κ 不对称信息下的数值例子

	初始参数取值	降低 κ^H
κ^H	0.2	0.1
L^{*H}	9	8
R^{*H}	9.8%	9.65%
U^{*H}	9.4	9.1
$\hat{L}^L$	7	6
$\hat{R}^L$	9.6%	9.5%
$\hat{U}^L$	8.89	8.7
$\frac{\hat{U}^L}{U^{*L}}$	89.8%	87.9%
其他参数取值		
贷款期限，T	3 年	
专利有效期，T_P	5 年	
专利拍卖价值比率，ρ	3.5	
跳扩散过程的强度，λ	3	
跳扩散过程的波动率，χ	0.8	
专利拍卖成功概率，δ	0.7	
σ	0.1	
Π_0	0.02	
κ^L	0.3	
L^{*L}	9	
R^{*L}	9.72%	
U^{*L}	9.9	

在基本参数取值的情况下，高风险类型企业最优的贷款合同为 $L^{*H}=9$ 和 $R^{*H}=9.8\%$，而低风险类型企业最优的贷款合同为 $L^{*L}=9$ 和 $R^{*L}=9.72\%$。分离均衡仍然存在，(L^{*H}, R^{*H}) 和 $(\hat{L}^L, \hat{R}^L)$，其中 $\hat{L}^L=7$，$\hat{R}^L=9.6\%$。如表 5-3 所示，$\hat{L}^L=7<L^{*L}=9$；同时企业效用水平也下降，低风险类型企业在最优贷款合同下的效用水平是 $U^{*L}=9.9$，而在分离均衡下的效用水平是 $\hat{U}^L=8.89$，福利损失是

最优贷款合同下效用水平的10.2%。

当高风险类型企业的违约成本 κ^H 降低50%，即 $\kappa^H = 0.1$，L^{*H} 和 R^{*H}都降低，相应的效用水平也有轻微的下降，但仍然存在分离均衡合同(L^{*H}，R^{*H})和($\hat{L}^L$，$\hat{R}^L$)。对低风险类型的企业提供贷款合同($\hat{L}^L$，$\hat{R}^L$)，相对于初始参数取值下的情况，$\hat{L}^L$ 和 $\hat{R}^L$ 都略微地降低了，分别降低到6%和9.5%。低风险类型企业的效用水平也下降到8.7，是最优贷款合同下效用水平的87.9%，福利损失稍微增大。贷款利率差由初始参数取值下的 $R^{*H} = 9.8\%$ 和 $\hat{R}^L = 9.6\%$ 缩小到 $R^{*H} = 9.65\%$ 和 $\hat{R}^L = 9.5\%$。

第四节　本章小结

知识产权质押贷款有不同的模式，贷款合同的设计也是多维的，其中贷款合同利率 R、质押物 C 和贷款数额 L 都可被用来作为对不同风险类型的借款企业进行筛选。然而，科技型中小企业一般缺乏有形资产抵押担保物，因而银行就只能通过贷款数额 L 和贷款合同利率 R 对不同风险类型的企业进行筛选。在以贷款数额 L 和贷款合同利率 R 作为甄别筛选工具的情况下，虽然银行不能直接观察到借款企业的风险类型，但是借款企业对质押贷款合同的选择可以作为风险类型的一种信号，使得银行能够对高风险的企业和低风险的企业进行筛选。由于这种筛选机制，当借款企业选择某一特定的贷款合同时，银行就能够识别借款企业的类型。但是，这种甄别筛选是以减少低风险类型企业的贷款额度为代价的，使其在分离均衡下的最优贷款量偏离其在最优合同（first - best contracts）下的贷款量，引起贷款合同的扭曲，同时企业效用水平也有一定程度的损失。

第六章　不对称信息下的弱专利质押贷款合同模式创新

目前，我国的专利质押贷款业务还很不成熟，形式比较单一，并且缺乏金融创新。现实实践中的专利质押贷款合同基本都是单一的固定利率贷款模式；并且，科技型中小企业一般缺乏有形资产抵押担保物，因而银行就只能通过贷款数额 L 和贷款合同利率 R 对不同风险类型的企业进行筛选，但是这种甄别筛选是以减少低风险类型借款企业的贷款额度为代价的，使其在分离均衡下的最优贷款量偏离其在最优合同（first - best contracts）下的贷款量，引起贷款合同的扭曲，同时企业效用水平也有一定程度的损失。因此，本章在上一章不对称信息下的专利质押贷款博弈模型的基础上，探索专利质押贷款甄别筛选工具的金融创新，即讨论可调整利率（AR）和固定利率（FR）模式的专利质押贷款合同作为甄别筛选工具的可行性和有效性。为了给成长性较好的科技型中小企业提供资金方面的支持，各方应该积极进行专利质押贷款方面的金融创新，提高银行开展专利质押贷款业务为中小企业服务的积极性。本章将讨论在非对称信息下，具有不同违约风险水平的借款企业是如何在可调整利率和固定利率模式的专利质押贷款合同之间自我选择的，以及这种自我选择能否作为借款企业违约风险的一种信号，使得银行能够实现对不同风险类型企业的成功分离。

第一节 基本模型和假设

考虑一个竞争性的贷款市场，银行提供两种质押贷款合同供企业选择：可调整利率(AR)和固定利率(FR)合同，并且设定每种合同的利率大小。在当前时刻银行从储蓄者那里借入资金的成本为 r，在贷款到期日，银行借入资金的成本为 $r+\varepsilon$，其中 ε 是定义在区间 $[\underline{\varepsilon}, \overline{\varepsilon}]$ 上的随机变量，概率密度函数是 $f(\varepsilon)$，$f(\varepsilon)>0$，累积分布函数是 $F(\varepsilon)$。

在固定利率（FR）贷款模式的情况下，银行设定贷款利率 R，并且这个贷款利率在贷款到期日仍然是保持不变的。这个利率包含了对贷款到期日银行的借入资金成本和期望的违约损失的预期。在可调整利率（AR）贷款模式的情况下，根据银行在市场中借入资金的成本，贷款利率是发生变化的。同时考虑到潜在的违约损失大小，银行为了保证非负的利润，在借入资金成本里增加一个调整项 i，$i\geqslant 0$。因而可调整利率（AR）贷款模式下的贷款利率将是 $r+i+\varepsilon$。因为 ε 是个随机项，所有在当前时刻贷款合同设计时可调整利率（AR）贷款模式下的贷款利率是未知的。

在固定利率（FR）贷款模式下，发生违约的情况有两种：在专利成功地进行了清算时，贷款期内的项目收益和专利清算价值之和低于质押贷款到期日的账面价值 F_T^{FR}；或者在专利清算失败时，贷款期内的项目收益低于质押贷款到期日的账面价值 F_T^{FR}。在可调整利率（AR）贷款模式下，取决于随机变量 ε 的变化，质押贷款到期日的账面价值 F_T^{AR} 也发生相应变化；相对于固定利率（FR）贷款模式，违约期权的执行边界波动范围变大：即使贷款期内的项目收益和专利清算价值之和比较小，也不会发生违约，因为 AR 贷款利率在贷款到期日下降比较多，或者贷款期内的项目收益和专利清算价值之和比较大，但却会发生违约，因为 AR 贷款利率在贷款到期日比较高。因而，在可调整利率（AR）贷款模式下，借款企业是否发生违约行为，情况变得比较复杂，不仅取决于贷款期内的项目收益和专利清算价值大小，也跟利率的变化密切相关。

第二节 银行零利润函数和企业的期望效用函数

在刻画非对称信息下的均衡前，首先必须考虑银行贷款给不同风险类型的借款企业在固定利率（FR）贷款模式下和可调整利率（AR）贷款模式下的利润函数。银行的零利润函数和借款企业的期望效用函数在后面的均衡分析中非常重要。

设 R_j^* 是使得银行在固定利率（FR）贷款模式下获得零利润的贷款利率，j 代表借款企业风险类型，$j=H$，L。对一个 j 类型的借款企业，在固定利率（FR）下银行的零利润函数是由下列等式刻画的：

$$\pi^{FR}(R_j^*)=L_0^{FR}(R_j^*)-L=0 \tag{6-1}$$

$$L_0^{FR}(R_j^*)=e^{-r\cdot T}E^Q(L_T^{FR}(R_j^*)) \tag{6-2}$$

$$L_T^{FR}(R_j^*)=F_{j,T}^{FR}1_{\{V_{j,T}\geq F_{j,T}^{FR}\}}+(\delta F_{j,T}^{FR}+(1-\delta)V_{j,T})1_{\{V_{j,T}<F_{j,T}^{FR}\leq V_{j,T}+f(\Pi_{j,T},T_P-T)\}}+(\delta(V_{j,T}+f(\Pi_{j,T},\ T_P-T))+(1-\delta)V_{j,T})1_{\{V_{j,T}+f(\Pi_{j,T},T_P-T)<F_{j,T}^{FR}\}} \tag{6-3}$$

$F_{j,T}^{FR}$表示在固定利率（FR）贷款模式下，j 类型的借款企业在质押贷款到期日需要支付的本金和贷款利息；$V_{j,T}$表示 j 类型的借款企业在质押贷款到期日的项目收益；$\Pi_{j,T}$表示 j 类型的借款企业在质押贷款到期日商业化专利项目的利润流大小。

在可调整利率（AR）贷款模式下，银行的问题是选择一个合适的调整项 i，添加到借入资金成本里。这里假设可调整利率（AR）贷款在质押贷款期间和贷款到期日在利率的变化上没有限额。包含限额的可调整利率（AR）贷款可做类似分析。设 i_j^* 是使得银行获得零利润的 AR 调整项，j 代表借款企业风险类型，$j=H$，L。对一个j类型的借款企业，在可调整利率（AR）下，银行的零利润函数是由如下等式刻画的：

$$\pi^{AR}(i_j^*)=L_0^{AR}(i_j^*)-L=0 \tag{6-4}$$

$$L_0^{AR}(i_j^*)=e^{-r\cdot T}E^Q(L_T^{AR}(i_j^*)) \tag{6-5}$$

$$L_T^{AR}(i_j^*)=1_{\{V_{j,T}\geq\int_{\underline{\varepsilon}}^{\varepsilon_1}L[1+(r+i_j^*+\varepsilon)T]f(\varepsilon)d\varepsilon\}}\int_{\underline{\varepsilon}}^{\varepsilon_1}L[1+(r+i_j^*+\varepsilon)T]f(\varepsilon)d\varepsilon+$$
$$1_{\{V_{j,T}<\int_{\varepsilon_1}^{\varepsilon_2}L[1+(r+i_j^*+\varepsilon)T]f(\varepsilon)d\varepsilon\leq V_{j,T}+f(\Pi_{j,T},T_P-T)\}}\left(\delta\int_{\varepsilon_1}^{\varepsilon_2}L[1+(r+i_j^*+\varepsilon)T]f(\varepsilon)d\varepsilon+(1-\delta)V_{j,T}\right)+$$
$$1_{\{V_{j,T}+f(\Pi_{j,T},T_P-T)<\int_{\varepsilon_2}^{\overline{\varepsilon}}L[1+(r+i_j^*+\varepsilon)T]f(\varepsilon)d\varepsilon\}}(\delta(V_{j,T}+f(\Pi_{j,T},T_P-T))+(1-\delta)V_{j,T}) \tag{6-6}$$

其中$\varepsilon_1=\frac{V_{j,T}-L}{L\times T}-r-i_j^*$，$\varepsilon_2=\frac{V_{j,T}+f(\Pi_{j,T},\ T_P-T)-L}{L\times T}-r-i_j^*$。

每个借款企业都会选择使得自己期望效用最大化的质押贷款合同。所有借款企业都有同样的关于企业财富和收入水平的递增的和严格凹的效用函数U。如果借款企业违约，会产生违约的负效用($D>0$)。违约成本的大小可以反映借款企业违约可能性的大小，在一定程度上体现了质押贷款合同风险的大小。违约的负效用包含了违约带来的社会影响和违约之后给企业造成的信用损失，以及违约带来的交易成本。这里假设违约成本为$D=\kappa F_t$。

对一个j类型的借款企业，$j=H$，L，在FR模式下获得的期望效用是由如下等式刻画的：

$$U^{FR}(R_j^*)=B_0^{FR}(R_j^*) \tag{6-7}$$

$$B_0^{FR}(R_j^*)=e^{-r\cdot T}E^Q(B_T^{FR}(R_j^*)) \tag{6-8}$$

$$B_T^{FR}(R_j^*)=(V_{j,T}+P_{j,T}-F_{j,T}^{FR})1_{\{V_{j,T}\geq F_{j,T}^{FR}\}}+(\delta(V_{j,T}+f(\Pi_{j,T},\ T_P-T)-F_{j,T}^{FR})+(1-\delta)(-D))1_{\{V_{j,T}<F_{j,T}^{FR}\leq V_{j,T}+f(\Pi_{j,T},T_P-T)\}}+$$
$$(-D)1_{\{V_{j,T}+f(\Pi_{j,T},T_P-T)<F_{j,T}^{FR}\}} \tag{6-9}$$

对一个j类型的借款企业，$j=H$，L，在AR模式下获得的期望效用是由如下等式刻画的：

$$U^{AR}(i_j^*) = B_0^{AR}(i_j^*) \tag{6-10}$$

$$B_0^{AR}(i_j^*) = e^{-r\cdot T}E^Q(B_T^{AR}(i_j^*)) \tag{6-11}$$

$$B_T^{AR}(i_j^*) = 1_{\{V_{j,T}\geq F_{j,T}^{AR}\}}\int_{\underline{\varepsilon}}^{\varepsilon_1}(V_{j,T}+P_{j,T}-L[1+(r+i_j^*+\varepsilon)T]f(\varepsilon)d\varepsilon) + 1_{\{V_{j,T}<F_{j,T}^{AR}\leq V_{j,T}+f(\Pi_{j,T},T_P-T)\}}(\delta(V_{j,T}+f(\Pi_{j,T},T_P-T)-\int_{\varepsilon_1}^{\varepsilon_2}L[1+(r+i_j^*+\varepsilon)T]f(\varepsilon)d\varepsilon)+(1-\delta)(-D))+(-D)1_{\{V_{j,T}+f(\Pi_{j,T},T_P-T)<F_{j,T}^{AR}\}} \tag{6-12}$$

其中 $\varepsilon_1 = \dfrac{V_{j,T}-L}{L\times T}-r-i_j^*$，$\varepsilon_2 = \dfrac{V_{j,T}+f(\Pi_{j,T},\ T_P-T)-L}{L\times T}-r-i_j^*$。

式（6－9）和式（6－12）反映了一个借款企业在固定利率（FR）贷款模式和可调整利率（AR）贷款模式之间的权衡。一方面，在固定利率（FR）贷款模式下，借款企业在还款方面没有利率方面的不确定。另一方面，在质押贷款到期日，如果贷款期内的项目收益和专利清算价值之和高于质押贷款到期日的账面价值，借款企业一定不会违约，因为在固定利率（FR）贷款模式下利率是固定的；而在可调整利率（AR）贷款模式下，借款企业是否发生违约行为，情况变得比较复杂，不仅取决于贷款期内的项目收益和专利清算价值大小，也跟利率的变化密切相关。

借款企业在固定利率（FR）贷款模式和可调整利率（AR）贷款模式之间的选择取决于它的风险类型。定义 $\Delta U(R,\ i)$ 为对于银行给定的贷款利率 R，i，借款企业在固定利率（FR）贷款模式下和可调整利率（AR）贷款模式下的效用之差。显而易见，效用差 $\Delta U(R,\ i)$ 随着 FR 贷款利率是递减的，随着 AR 贷款利率是递增的，$\partial\Delta U(R,\ i)/\partial R<0$，$\partial\Delta U(R,\ i)/\partial i>0$。如果 $\Delta U(R,\ i)$ 是负的，那么相对于 FR 贷款合同，AR 贷款合同对借款企业更有吸引力；如果 $\Delta U(R,\ i)$ 是正的，那么借款企业更有可能倾向于选择 FR 贷款合同。

从模型中我们可以推断出一些显而易见的结论，这些结论与蒙特卡洛模拟出来的结果也是吻合的。

贷款到期日利率会下降的预期会使得可调整利率（AR）贷款模式更有吸引力，不论对于高风险类型的借款企业还是低风险类型的借款企业这个结果都是成立的。例如美国在20世纪80年代高利率时期，人们预期利率在未来会下降，所以在以住房作为抵押物的贷款市场中，可调整利率（AR）贷款模式占据的份额比较大。

增大利率 r 会使得企业当前的借款成本和未来预期借款成本都增加。在这种情况下，FR－AR效用差会相应地增大，意味着不论对于高风险类型的借款企业还是低风险类型的借款企业，FR贷款合同对借款企业更有吸引力。同样地，减小利率 r 会使得AR贷款合同对借款企业更有吸引力。

第三节　均衡合同

在可调整利率（AR）贷款模式下，借款企业要承担贷款利率不确定所带来的额外风险。相对于固定利率贷款合同，可调整利率贷款合同可能会给借款企业带来额外的风险和成本：如果在质押贷款到期日，贷款期内的项目收益和专利清算价值之和比较大，也有可能发生违约，因为AR贷款利率在贷款到期日也比较高；另外，可调整利率贷款合同可能会给借款企业带来额外的收益：如果在质押贷款到期日，贷款期内的项目收益和专利清算价值之和比较小，违约有可能避免，因为AR贷款利率在贷款到期日下降比较多。低风险类型的借款企业更有可能承担AR贷款合同带来的额外成本，而分享AR贷款合同带来的额外收益的可能性较小，因此更有可能选择FR贷款合同。但是对高风险类型的借款企业来说，它分享AR贷款合同带来的额外收益的可能性较大，而承担AR贷款合同带来的额外成本的可能性较小，因此更有可能选择AR贷款合同，高风险类型的借款企业比低风险类型的借款企业更偏好于AR贷款合同。这个结果在均衡合同的刻画中起着非常重要的作用。

下面刻画一个借款企业在固定贷款利率 R 和可调整贷款利率 i

之间的效用无差异函数。令借款企业在固定利率（FR）贷款模式下和可调整利率（AR）贷款模式下的效用之差 $\Delta U(R,\ i)=0$，效用无差异函数 $R(i,\ j)$ 定义为：对于给定的 AR 贷款利率 i，某一类型的借款企业选择固定利率（FR）贷款合同和可调整利率（AR）贷款合同之间的效用是无差异的，其中 $j=H,\ L$，分别代表高风险和低风险类型的借款企业。

图 6－1 给出了高风险和低风险类型的借款企业效用无差异函数。保持其他参数的取值一样，以商业化专利项目利润流的波动率 σ 作为企业的私有信息时，高风险类型的借款企业 σ 较大，低风险类型的借款企业 σ 较小，即 $\sigma^H>\sigma^L$。在图 6－1 中，$R(i,\ H)$ 表示高风险类型企业的效用无差异函数，$R(i,\ L)$ 表示低风险类型企业的效用无差异函数。但是，二者的位置关系不确定，$R(i,\ L)$ 可能在 $R(i,\ H)$ 之上，也可能在 $R(i,\ H)$ 之下，跟参数的取值有关。二者位置关系对均衡没有影响，因为均衡的贷款利率取决于银行的零利润函数。

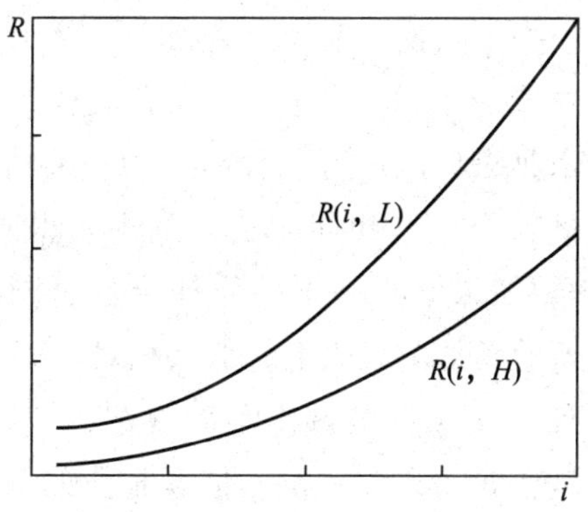

图 6－1　企业效用无差异函数

图 6－1 中所描绘的企业效用无差异函数与典型的效用无差异曲线是有明显的不同的。效用无差异曲线描述的是给消费者带来相同满足程度的不同资源品组合的曲线，它是指这样一条曲线：在它上

面的每一点，商品的组合是不同的，但是，它表示人们从中得到的满足程度却是相同的，即无差异曲线上的所有点表示同一效用水平。而这里的效用无差异函数代表的是固定利率（FR）贷款合同利率和可调整利率（AR）贷款合同利率的组合，该组合使得企业从两种类型的质押贷款中得到的效用水平是一样的，越接近原点代表的企业效用越大，沿着该效用无差异函数向东北方向移动所代表的企业效用是递减的。

已经定义了银行的零利润合同和刻画了借款企业的选择问题，接下来我们就可以分析不对称信息下的均衡贷款合同。根据 Rothschild 和 Stiglitz 的定义，均衡是一组银行提供的抵押贷款合同，借款企业选择使其期望效用最大化的合同，在给定的这组合同之外，没有其他更加吸引银行并使其利润非负的合同存在。我们仅仅考虑纯战略纳什均衡（pure strategy Nash equilibria）。

在非对称信息下，借款企业的类型是私人信息，银行是无法知道的。因而银行无法根据借款企业的类型提供不同的质押贷款合同。因此，非对称信息下的均衡可能出现两种情况：一种情况是分离均衡存在，即一些贷款企业选择固定利率（FR）贷款合同而另一些借款企业选择可调整利率（AR）贷款合同，高风险类型的企业和低风险类型的企业成功地进行了分离；另一种情况是分离均衡不存在，即所有的借款企业以相同的贷款利率获得同样的贷款合同。根据图 6－1 可知，如果银行提供的质押贷款合同（R，i）位于借款企业的效用无差异函数曲线之上，那么相对于固定利率（FR）贷款合同，企业更偏好于选择可调整利率（AR）贷款合同。如果银行提供的质押贷款合同（R，i）位于借款企业的效用无差异函数曲线之下，那么企业更偏好于选择固定利率（FR）贷款合同。所以，如果银行提供的质押贷款合同位于两种效用无差异函数曲线之上（之下），分离均衡不存在，两种类型的借款企业都偏好于选择可调整利率（AR）贷款合同（固定利率（FR）贷款合同）。如果银行提供的质押贷款合同位于如图 6－1 所示的高风险类型企业效用无差异函数曲线和低风险类型企业效用无差异函数曲线之间，那么高风险类型企业选择可调整利率（AR）贷款合同，而低风险类型企业偏好于选择固定利率（FR）贷款合同，这样高风险类型的借款企业和低风险类型的借款企业就被成功地分离开来。

第四节　数值例子

由于模型的复杂性，解决可调整利率（AR）和固定利率（FR）贷款合同下均衡的贷款利率问题，很难求出解析解，数值分析是非常有效的方法。在这个模型中违约成本的大小对于借款企业在可调整利率（AR）和固定利率（FR）贷款合同之间的选择上是一个非常重要的因素，但是商业化专利项目的利润流、专利项目利润流的波动率和跳扩散过程的波动率、专利诉讼风险、专利拍卖价值比率和专利转让成功率已经违约成本的大小是影响借款企业在可调整利率（AR）和固定利率（FR）贷款合同之间的选择的重要因素，参数的取值会直接影响均衡合同的结果。

以商业化专利项目利润流的波动率 σ 作为借款企业的私有信息，高风险类型的借款企业 σ 较大，低风险类型的借款企业 σ 较小，即 $\sigma^H > \sigma^L$。在图6－2中，$R(i, H)$ 表示高风险类型企业的效用无差异曲线，$R(i, L)$ 表示低风险类型企业的效用无差异曲线。高风险类型企业的效用无差异曲线位于低风险类型企业的效用无差异曲线之下。图6－2给出了当 $R(i_H^*, H) \leqslant R_L^* < R(i^*, L)$ 时，专利质押贷款的均衡情况。其中 i_1 表示能够吸引两种类型的借款企业都接受可调整利率（AR）贷款合同的最大值，i^* 表示混同AR均衡下银行的零利润利率，i_H^* 表示贷款给高风险类型企业下的银行的零利润利率，R_L^* 表示贷款给低风险类型企业下的银行的零利润利率。因为 $R(i_H^*, H) \leqslant R_L^*$，所以合同菜单（$R_L^*$，$i_H^*$）位于高风险类型企业的效用无差异函数曲线之上；因为 $R_L^* < R(i^*, L)$ 和 $i_H^* > i^*$，所以合同菜单（R_L^*，i_H^*）位于低风险类型企业的效用无差异函数曲线之下。因而，如果银行向两种类型的借款企业提供这样的质押贷款合同菜单（R_L^*，i_H^*），那么高风险类型的借款企业会选择可调整利率（AR）贷款模式，低风险类型的借款企业会选择固定利率（FR）贷款模式；同时银行贷款给每种类型的借款企业获得的利润为零。在图6-2中，因为$R_L^* < R(i^*, L)$，所以混同AR均衡下银行的零利润利率i^*大于能够吸引两种类型的借款企业都接受可调整利率（AR）贷款合同的最大值i_1。因而，不存在其他的可调整利率（AR）贷款合同使银行能够分离和吸引两种类型的借款企业，并且获得非负的利润。所以，当$R(i_H^*, H) \leqslant R_L^* < R(i^*, L)$时，银行向企业提供合同菜单（$R_L^*$，$i_H^*$），能够实现分离均衡：高风险类型的借款企业选择可调整利率（AR）贷款合同i_H^*，低风险类型的借款企业选择固定利率（FR）贷款合同R_L^*；同时银行获得零利润。

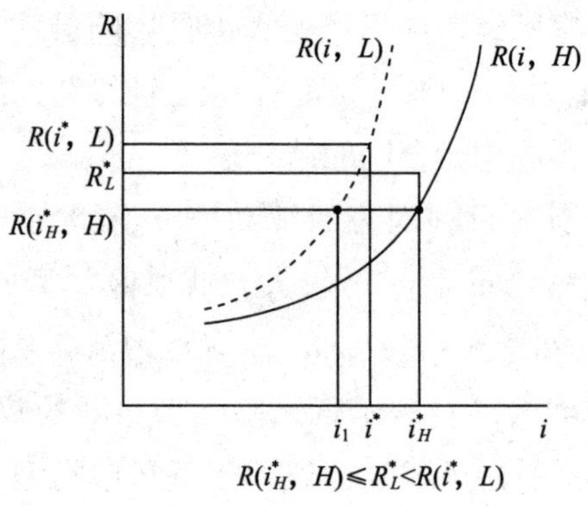

图6-2 均衡结果

图6-3给出了当$R_L^* < R(i_H^*, H) < R^*$，$R(i_H^*, H) < R(i^*, L)$时，专利质押贷款的均衡结果。$R(i, H)$表示高风险类型企业的效用无差异曲线，$R(i, L)$表示低风险类型企业的效用无差异曲线。高风险类型企业的效用无差异曲线位于低风险类型企业的效用无差异曲线之下。如果银行提供合同菜单（$R(i_H^*, H)$，i_H^*），那么高风险类型的借款企业偏好于选择可调整利率（AR）贷款模式，低风

险类型的借款企业偏好于选择固定利率（FR）贷款模式。并且，银行贷款给高风险类型的借款企业获得的利润为零，贷款给低风险类型的借款企业获得正的利润。因为 $R(i_H^*, H) < R(i^*, L)$，所以混同 AR 均衡下银行的零利润利率 i^* 大于能够吸引两种类型的借款企业都接受可调整利率（AR）贷款合同的最大值 i_2。因而，不存在其他的可调整利率（AR）贷款合同能够吸引两种类型的借款企业并且使得银行能成功地将不同类型的借款企业分离开来，同时获得非负的利润。条件 $R(i_H^*, H) < R^*$ 意味着不存在其他的固定利率（FR）贷款合同能够吸引两种类型的借款企业并且使得银行能成功地将不同类型的借款企业分离开来，同时获得非负的利润。因为 $R_L^* < R(i_H^*, H)$，所以银行贷款给低风险类型借款企业能够获得正的利润。如果银行降低 FR 贷款利率，那么就会吸引两种类型的借款企业最终获得负的利润。因而，当 $R_L^* < R(i_H^*, H) < R^*$，$R(i_H^*, H) < R(i^*, L)$ 时，银行向企业提供合同菜单（$R(i_H^*, H)$，i_H^*），能够成功地将不同类型的借款企业分离开来：高风险类型的借款企业选择可调整利率（AR）贷款合同 i_H^*，低风险类型的借款企业选择固定利率（FR）贷款合同 $R(i_H^*, H)$，同时银行获得正的期望利润。

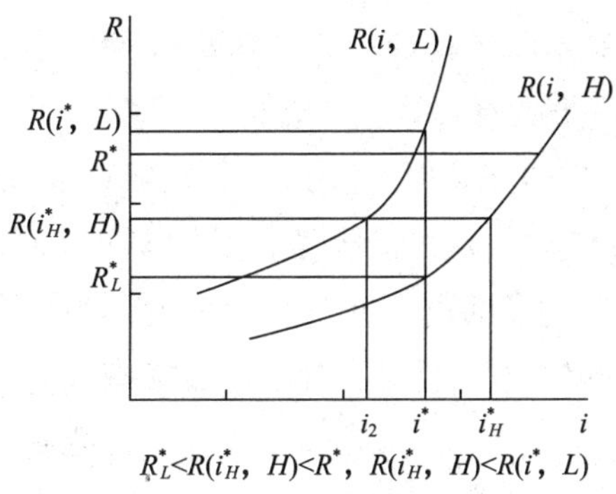

图 6－3　均衡结果

这个均衡结果和图6-2的均衡结果是类似的，只是FR贷款利率不同，并且银行贷款给低风险类型的借款企业能够获得正的期望利润。当 $R_L^* < R(i_H^*, H) < R^*$ 时，如果银行向高风险类型的借款企业提供可调整利率（AR）贷款合同 i_H^*，利率为 R_L^* 的固定利率（FR）贷款合同对高风险类型的借款企业来说更有吸引力。当银行向高风险类型的借款企业提供利率为 i_H^* 的可调整利率（AR）贷款合同时，利率为 $R(i_H^*, H)$ 的固定利率（FR）贷款合同是满足激励相容约束条件的最低的FR贷款利率。因为 $R(i_H^*, H) < R^*$，如果两种类型的借款企业都选择了利率低于 $R(i_H^*, H)$ 的固定利率（FR）贷款合同，那么银行将会获得负的期望利润。

在图6-2和图6-3出现的两种分离均衡中，高风险类型企业选择可调整利率（AR）贷款合同，而低风险类型企业偏好于选择固定利率（FR）贷款合同，高风险类型的借款企业和低风险类型的借款企业被成功地分离开来；同时银行获得非负的期望利润。低风险类型的借款企业更有可能承担AR贷款合同带来的额外成本，而分享AR贷款合同带来的额外收益的可能性较小，因此更有可能选择FR贷款合同作为一种筛选工具来表明自己的风险类型。但是对高风险类型的借款企业来说，它分享AR贷款合同带来的额外收益的可能性较大，而承担AR贷款合同带来的额外成本的可能性较小，因此更有可能选择AR贷款合同，高风险类型的借款企业比低风险类型的借款企业更偏好于AR贷款合同。

不同于图6-2的分离均衡情况，在图6-3的分离均衡结果中，FR贷款利率高于贷款给低风险类型企业的零利润利率，因而银行获得正的期望利润。这样的利润在一个竞争性的贷款市场环境中是如何维持的呢？根据定义，$R(i_H^*, H)$ 是保证高风险类型的借款企业不会偏离AR贷款合同 i_H^*（银行贷款给高风险类型企业的零利润利率）转而选择FR贷款合同的最低利率；这个利率也是在保证成功分离不同类型的借款企业下银行提供给低风险类型借款企业FR贷款合同的最低利率。如果银行提供的FR贷款利率低于 $R(i_H^*, H)$，那么高风险类型的借款企业也会选择可调整利率（AR）贷款合同，因为 $R\ (i_H^*,\ H) < R^*$，这样的贷款利率值不足以弥补银行的成本。另外，低风险类型的借款企业不会背离 FR 贷款合同转而选择 AR 贷款合同，如果这样，它们会被看作是高风险类型的借款企业，向银行支付同高风险类型企业同样的 AR 贷款利率，这个利率是高于低风险类型借款企业的零利润利率的，因而低风险类型的借款企业面临着在可调整利率（AR）和固定利率（FR）贷款合同之间进行选择的问题。条件 $R(i_H^*,\ H) < R(i^*,\ L)$ 保证了低风险类型的借款企业更偏好于选择固定利率（FR）贷款合同。

在非对称信息下，图 6－2 和图 6－3 两种分离均衡合同同完全信息下的均衡结果（first best contract）是存在一些偏离的。不管是在完全信息下还是在非对称信息下，高风险类型的借款企业获得同样的贷款合同。如图 6－2 所示情况下，如果 $i_L^* > i_1$，在完全信息下，低风险类型借款企业的均衡合同是 FR 贷款合同，利率大小为其零利润 FR 贷款合同利率，在非对称信息下也是这样的结果，所以非对称信息下的分离均衡合同是第一最优合同（first best contract）。但是，如果 $i_L^* \leqslant i_1$，低风险类型借款企业的均衡合同是 AR 贷款合同，利率大小为其零利润 AR 贷款合同利率。如图 6－3 所示的分离均衡情况下，如果 $i_L^* > i_2$，在完全信息下，低风险类型借款企业的均衡合同是 FR 贷款合同，利率大小为其零利润 FR 贷款合同利率。但是，如果 $i_L^* \leqslant i_2$，低风险类型借款企业的均衡合同是 AR 贷款合同，利率大小为其零利润 AR 贷款合同利率。

如果在完全信息下，高风险类型的借款企业和低风险类型的借款企业都偏好于选择可调整利率（AR）贷款合同，那么在非对称信息下怎样才能促使低风险类型的借款企业选择固定利率（FR）贷款合同，而高风险类型的借款企业选择可调整利率（AR）贷款合同？在完全信息下，两种类型的借款企业获得的可调整利率（AR）贷款合同利率为其各自的零利润贷款利率。当在非对称信息下，如果两种类型的借款企业都获得可调整利率（AR）贷款合同，利率大小为混同 AR 贷款模式下银行的零利润利率，这会使得高风险类型的借款企业的状况得到改善，而低风险类型的借款企业的状况变得更加糟糕。低风险类型的借款企业在 FR 贷款模式下（利率为均衡结果下的贷款利率）比在 AR 贷款模式下（利率为混同 AR 贷款模式下银行的零利润利率）违约的可能性要小。因此，对低风险类型的借款企业来说，即使会带来额外的成本，获得 FR 贷款合同也比 AR 贷款合同更加有利可图。另外，高风险类型的借款企业也没有模仿低风险类型的借款企业的动机。高风险类型的借款企业在质押贷款到期日的项目收益和专利清算价值之和不足以偿还贷款到期日账面价值的可能性比低风险类型的借款企业要高，因而，当项目收益和专利清算价值比较低时，高风险类型的借款企业比低风险类型的借款企业更加重视 AR 贷款模式能够降低违约风险的优势。所以，高风险类型的借款企业偏好于选择 AR 贷款合同（利率为其零利润贷款利率），而不会去模仿低风险类型的借款企业获得 FR 贷款合同（利率为均衡结果下的贷款利率）。

需要注意的是银行提供的贷款合同至少保证让高风险类型的借款企业偏好于选择可调整利率（AR）贷款模式，分离均衡才有可能存在。对任一借款类型的企业来说，当且仅当在可调整利率（AR）贷款模式下发生违约可能性低于在固定利率（FR）贷款模式下的违约可能性并且违约是有成本的，借款企业才会偏好于选择可调整利率（AR）贷款合同。也就是说在可调整利率（AR）贷款模式下降低违约风险的收益和相应的违约成本超过了在固定利率（FR）贷款模式下利率风险共担的优势，借款企业才会偏好于选择可调整利率（AR）贷款合同。如果唯一的风险来源是利率风险（没有违约的可能性或者没有违约成本），那么从风险共担的角度来看，两种类型的借款企业都会偏好于选择固定利率（FR）贷款合同。

如果参数的取值使得银行不能通过可调整利率（AR）和固定利率（FR）贷款合同（R，i）将不同类型的借款企业成功地分离开来，即质押贷款合同位于两种效用无差异函数曲线之上（之下），分离均衡不存在，银行向所有类型的借款企业提供同一类型同一利率的贷款合同，如图 6－4 和图 6－5 所示的两种情况。

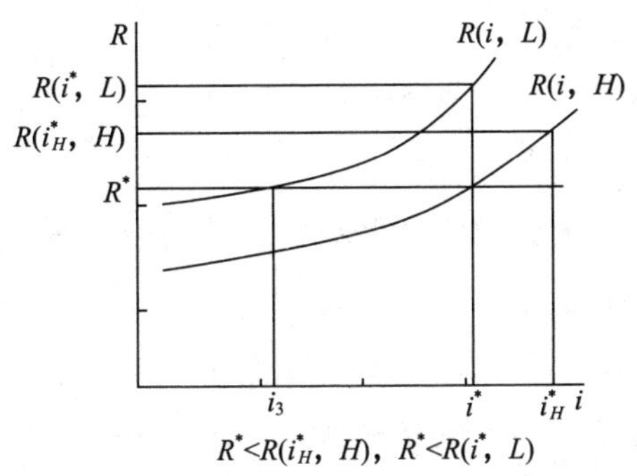

图 6－4　均衡结果

图 6－4 的数值模拟结果给出了当 $R^{*}<R(i_{H}^{*}, H)$，$R^{*}<R(i^{*}, L)$ 时，专利质押贷款的均衡情况。如图 6－4 所示，R^{*} 表示混同 FR 均衡下银行的零利润利率，i_3 表示能够吸引两种类型的借款企业都接受的可调整利率（AR）贷款合同的最大值。i_3 小于混同 AR 均衡下银行的零利润利率 i^{*}，如果两种类型的借款企业都选择 AR 贷款合同，这是保证银行获得非负利润的必要条件。吸引高风险类型的借款企业接受可调整利率（AR）贷款合同的最大值小于贷款给高风险类型企业的银行的零利润利率 i_{H}^{*}。所以，在保证银行获得非负利润的条件下，不存在可调整利率（AR）贷款合同能够吸引借款企业。银行向所有类型的借款企业提供同一利率的 FR 合同，该合同位于两种类型企业的效用无差异曲线之下。

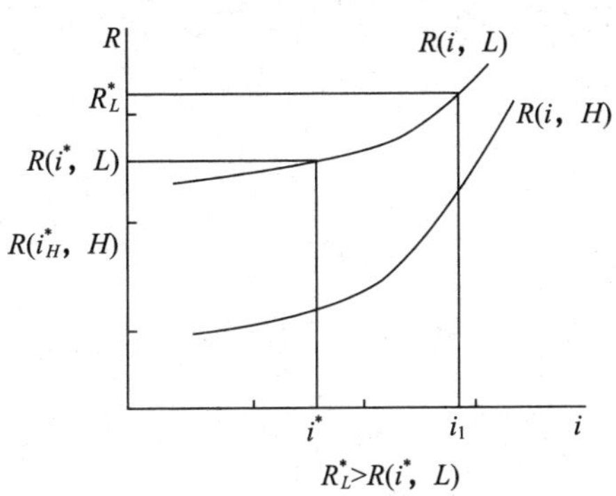

图 6－5　均衡结果

图6-5的数值模拟结果给出了当$R_L^* > R(i^*, L)$时，专利质押贷款的均衡情况。如图6-5所示，$R_L^* > R(i^*, L)$，那么不存在能够吸引低风险类型的借款企业同时保证银行利润非负的FR贷款合同。另外，因为$R^* > R_L^*$，也不存在能够吸引两种类型的借款企业同时保证银行利润非负的FR贷款合同。因而，银行向所有类型的借款企业提供同一利率的AR贷款合同，利率为i^*。

参数的取值还有多种变化和组合，相应情况下均衡的结果以及是否有分离均衡也会发生改变，可类似进行分析（例如，如果参数的取值使得$R^* > R(i_H^*, H) > R(i^*, L) > R_L^*$，那么分离均衡是不存在的）。

第五节　本章小结

本章的研究结果表明，在非对称信息下，在某些特定参数取值范围内，存在唯一的分离均衡：银行根据企业风险类型提供两种合同，可调整利率（AR）合同和固定利率（FR）合同，高风险类型借款企业选择AR合同，而低风险类型的借款企业选择FR合同。这个结果表明可调整利率（AR）合同和固定利率（FR）合同的提供能够帮助银行成功地将高风险类型的借款企业和低风险类型的借款企业分离开来。

第七章　总结与研究展望

第一节　总结

在知识经济快速发展的时代，身为我国自主创新的主力军、国民经济和社会发展的重要组成部分的中小企业虽然拥有先进的专利技术，但因缺乏资金、借贷无门而无法对专利技术进行商业化开发，痛失投资机会。专利质押贷款这种以“知识换资本”的新兴融资手段，是解决科技型中小企业有技术无资金的困境的有效途径。虽然专利质押贷款的前景很好，是打通银行与科技型中小企业之间融资渠道的有效方式，并且国家和政府也陆续出台一系列的方针和政策来促进这种新型的融资模式的快速发展，但是在实践中，银行开展专利质押贷款业务的积极性并不是很高。在理论层面上，这方面的研究成果也非常少。鉴于此，本书综合运用实物期权理论和博弈论均衡分析方法，从弱专利技术价值评估、弱专利质押贷款期权定价分析、政府风险补偿政策的有效性、银行损失减少措施和违约风险管理、不对称信息下的弱专利质押贷款合同设计以及弱专利质押贷款合同模式创新等多个维度，分析探讨了我国的专利质押贷款融资，并且得出如下结论。

（1）明确区分了商业化专利项目的价值与弱专利技术自身的价值，指出专利技术的价值还与其实施转化方式有关，因而表现出不同的价值实现方式，如商业化专利项目价值、专利自身价值、专利许可收益价值和专利拍卖价值（专利清算价值）等。在实际应用中，我们要根据具体问题和不同的研究目的，选择相应的价值类型。专利在不同实现方式下的价值大小总是与其利润流和专利长度是正相关的，与诉讼风险是负相关的；其中诉讼风险是影响上述价值大小的关键因素，法律诉讼风险的存在显著降低了专利在不同实现方式下的价值大小。

（2）建立了弱专利质押贷款期权定价分析模型，在分析借款企业在质押贷款中的各种行为决策以及对质押贷款价值和均衡贷款合同利率产生的影响时，该模型显然比传统的专利质押贷款模型更有优势。分析了影响均衡贷款合同利率的主要因素，为开展专利质押的银企双方在利益权衡过程中提供了有价值的参考。诉讼风险越大，专利质押融资成本就越高；提高专利拍卖价值比率和技术交易市场的专利转让成功率会使得融资成本显著降低，因而，加强知识产权的保护力度，逐步建立成熟和完善的技术交易市场，对银行开展专利质押贷款融资业务是有积极的促进作用的。专利质押贷款合同中嵌套的期权对专利质押贷款价值的影响是比较大的；并且专利诉讼风险的存在使得银行遭受的损失进一步恶化。同时探讨了我国政府现行的专利质押贷款的风险补偿措施是否有效，发现贷款贴息政策对专利质押贷款有两种相反效应的影响，一方面降低违约动机的激励是有效的，另一方面却使得融资成本上升；损失补偿政策对专利质押贷款有积极的促进作用，随着政府损失补偿比例和限额的增大，融资成本显著减少。

（3）引入了借款企业在丧失质押品赎回权（foreclosure）前有恢复处于欠款状态的质押贷款的权力，构建了关于借款企业违约管理过程的更加具体的期权分析模型，这个模型有助于对银行的损失减少措施有效性进行分析。延长规定的欠款期对处于欠款状态的质押贷款有正面的影响；但对提前还款概率的影响非常小。减少罚金比例来激励处于欠款状态的借款企业恢复质押贷款，这一措施对总的违约损失会产生两种相反的效应，一方面增加了发生欠款的可能性，另一方面降低了恢复质押贷款的成本（增加恢复处于欠款状态的质押贷款的概率）。因而，在大多数情况下，免除欠款罚金会增大欠款的发生率，但是不一定会降低丧失质押品赎回权的发生率。这一结果表明免除欠款罚金的违约管理政策未必能降低总的违约损失。最后，企业的资信状况的好坏也会对专利质押贷款产生比较大的影响，银行方面应该强化信用记录的重要性，让企业重视自己的信用评级，比如对信用记录良好的忠实客户，在贷款利率和授信额度等方面给予优惠政策。

（4）剖析了不对称信息下的专利质押贷款分离合同设计，在以贷款数额和贷款合同利率作为甄别筛选工具的情况下，虽然银行不能直接观察到借款企业的风险类型，但是借款企业对质押贷款合同的选择可以作为风险类型的一种信号，使得银行能够对高风险的企业和低风险的企业进行筛选。由于这种筛选机制，当借款企业选择某一特定的贷款合同时，银行就能够识别借款企业的类型。但是，这种甄别筛选是以减少低风险类型企业的贷款额度为代价的，使其在分离均衡下的最优贷款量偏离其在最优合同（first - best contracts）下的贷款量，引起贷款合同的扭曲，同时企业效用水平也有一定程度的损失。

（5）探索弱专利质押贷款甄别筛选工具的金融创新，即讨论可调整利率（AR）和固定利率（FR）模式的专利质押贷款合同作为甄别筛选工具的可行性。在非对称信息下，在某些特定参数取值范围内，存在唯一的分离均衡：银行根据企业风险类型提供两种合同，可调整利率（AR）合同和固定利率（FR）合同，高风险类型借款企业选择AR合同，而低风险类型的借款企业选择FR合同。这个结果表明可调整利率（AR）合同和固定利率（FR）合同的提供能够帮助银行成功地将高风险类型的借款企业和低风险类型的借款企业分离开来。

第二节 研究展望

对于专利质押贷款这种新兴的金融创新来说其理论研究还处在

初期发展阶段，未来研究前景广阔，意义重大。本书在弱专利质押贷款研究领域进行了积极的探索，并且得到了一些有价值的研究成果，但由于能力、时间有限以及对问题在认识上的不够全面和深入，仍有一些有价值的研究工作值得深入探索和挖掘。在未来的研究方向中，我们可以从以下几个角度着手。

（1）商业化专利项目明显地具有实物期权的特征，并且在质押贷款的有效期内，嵌套了借款人的各种时机选择权（比如提前付款期权、违约期权和恢复期权等），所以本书使用实物期权的思想和方法，评估商业化专利项目价值和专利价值以及质押贷款价值，并分析借款企业在质押贷款中的各种行为决策以及对质押贷款价值产生的影响。在未来更加深入和细致的研究工作中，我们可以运用期权博弈方法来研究这些问题。期权博弈是新近国际上兴起的一种把实物期权思想与博弈论思想有机结合的思想和方法。

（2）不对称信息产生的逆向选择和道德风险问题在信贷市场中是普遍存在的。在专利质押贷款融资的实践中非对称信息更是无法避免的，我们分析了非对称信息下不同风险类型的借款企业事前隐藏信息的逆向选择问题，探讨了分离均衡的存在性。但没有涉及借款企业事后隐藏行动的道德风险问题。同时，由于专利质押物的引入及其在质押贷款合同的有效期内价值的不确定性可能会引发银行的道德风险问题。所以，在后续的研究工作中，应该对“弱”专利质押贷款融资中存在的这两类道德风险问题展开深入分析。

（3）专利质押贷款融资在实践中还不是很普遍，并且不同于上市公司融资，要想获得中小企业或者企业主的信息比较困难，因而收集和处理这些信息的成本也比较大。所以，本书建立的专利质押贷款模型和取得的一些有价值的新成果，目前还无法得到实际统计数据的检验和支持，有待今后开展进一步深入的实证研究。

参考文献

[1] 陈华、万建平：《实物期权在生物技术专利项目投资决策中的应用》，《湖北经济学院学报》2007 年第 48 期。

[2] 范银华、栗娟：《Black – Scholes 期权风险厌恶定价公式用于专利价值评估》，《价值工程》2000 年第 4 期。

[3] 贺武、刘平：《基于实物期权的专利权估值方法》，《经济研究》2005 年第 9 期。

[4] 黄冬梅：《我国专利权质押存在的问题》，《决策与信息》2009 年第 10 期。

[5] 黄生权：《基于实物期权理论的专利权价值评估方法研究》，《科技进步与对策》2006 年第 6 期。

[6] 杰弗瑞 · A. 杰里、菲利普 · J. 瑞尼：《高级微观经济理论》，上海财经大学出版社 2002 年版。

[7] 寇宗来：《时机博弈：沉睡专利的实物期权模型》，《世界经济文汇》2006 年第 3 期。

[8] 李文江：《构建专利权质押贷款的风险防范体系》，《金融理论与实践》2010 年第 7 期。

[9] 李艳君等：《抵押、贷款合约与借款人行为》，《上海交通大学学报》2006 年第 4 期。

[10] 刘军、龙韬：《基于实物期权的专利权价值评估》，《企业技术开发》2005 年第 24 期。

[11] 刘晓宏：《分阶段风险投资决策实物期权价值分析——分阶段投资的延期效应与风险效应》，《中国管理科学》2005 年第 3 期。

[12] 刘元庆、刘光平:《商业银行贷款抵押资产价值的衰减与防范对策》,《中国资产评估》2006 年第 3 期。

[13] 刘志刚、银路:《专利价值评估的进一步探讨》,《价值工程》2004 年第 5 期。

[14] 卢志英:《专利权质押融资现状分析》,《中国发明与专利》2007 年第 6 期。

[15] 马忠明、刘康泽:《应用实物期权方法评估专利价值》,《中南财经政法大学学报》2006 年第 3 期。

[16] 马忠明、易江:《专利价值评估的实物期权方法》,《价值工程》2004 年第 1 期。

[17] 唐文进、陈勇:《住房抵押贷款定价模型与数值分析》,《数量经济技术经济研究》2006 年第 3 期。

[18] 田扬、李亚卿:《逆向选择:中小企业贷款难问题分析》,《技术经济与管理研究》2005 年第 6 期。

[19] 王磊、伍新木:《论抵押在存在非对称信息的信贷市场中的作用》,《经济评论》2002 年第 3 期。

[20] 王明好、陈忠、李丽:《基于跳跃扩散利率模型的浮动利率抵押贷款支持证券定价研究》,《管理工程学报》2007 年第 1 期。

[21] 王明好、陈忠、李丽:《考虑违约风险的固定利率抵押贷款支持证券三因素定价模型》,《上海交通大学学报》2006 年第 4 期。

[22] 王霄、张捷:《银行信贷配给与中小企业贷款——一个内生化抵押品和企业规模的理论模型》,《经济研究》2003 年第 7 期。

[23] 王雪冬:《基于实物期权的专利价值评估研究》,硕士学位论文,大连理工大学,2006 年第 6 期。

[24] 王咏晖:《知识产权质押贷款业务存在的问题与对策》,《现代金融》2010 年第 8 期。

[25] 王志诚:《用期权定价原理分析抵押贷款的信用风险》,《金

融研究》2004 年第 4 期。

[26] 吴小林：《专利价值评估的相关法律问题》，《重庆科技学院学报》2006 年第 3 期。

[27] 熊熊、武栋才、张永杰、张今：《商业银行—中小企业有限次重复博弈仿真》，《系统工程》2009 年第 10 期。

[28] 薛明皋、龚朴：《具有专利的 R&D 项目实物期权评价》，《管理科学学报》2006 年第 3 期。

[29] 薛明皋、苏丽丽：《风险溢价、不确定性与专利投资的多阶段性》，《中国管理科学》2010 年第 3 期。

[30] 严太华等：《抵押条款在信贷合约中的经济意义研究》，《中国软科学》2004 年第 3 期。

[31] 杨春鹏、伍海华：《实物期权在专利权价值评估中的应用》，《系统工程理论与实践》2002 年第 6 期。

[32] 于乃书、刘兆波、张屹山：《专利评估的两种方法探讨》，《数量经济技术经济研究》1999 年第 2 期。

[33] 张夕勇、丁慧平：《基于序列投资的汽车项目投资决策模型》，《管理科学学报》2008 年第 4 期。

[34] Amable, B., Chatelain, J. B., Ralf, K., "Patents as Collateral", *Journal of Economic Dynamics & Control*, 2010 (34): 1092 - 1104.

[35] Ambrose, B., Buttimer, R. J., "Embedded Options in the Mortgage Contract", *Journal of Real Estate Finance Economics*, 2000, 21 (2): 95 - 111.

[36] Azevedo - Pereira, Newton, D., Paxson, D., "UK Fixed Rate Repayment Mortgage and Mortgage Indemnity Valuation", *Real Estate Economics*, 2002, 30 (2): 185 - 211.

[37] A. R. Venkatahlam, "Use of Patents in Securing Financing: A Survey of New England Firms", *The Paper of New Hampshire University*, 2007: 9.

[38] Baecker, P. N., "Real Options and Intellectual Property",

Spring – Verlag Berin Heidelberg, *Germany*, 2007: 185 – 186.

[39] Besanko, D., Thakor, A. V., "Collateral and Rationing: Sorting Equilibria in Monopolistic and Competitive Credit Markets", *International Economic Review*, 1987a, 28 (3): 671 – 689.

[40] Bester, H., "Screening vs. Rationing in Credit Markets with Imperfect Information", *American Economic Review*, 1985, 75 (4): 850 – 855.

[41] Bester, H., "The Role of Collateral in a Model of Debt Renegotiation", *Journal of Money Credit and Banking*, 1994, 26 (1): 72 – 86.

[42] Bester, H., "The Role of Collateral in Credit Market with Imperfect Information", *European Economic Review*, 1987 (31): 887 – 899.

[43] Boot, A. W. A., Thakor, A. V., Udell, G. F., "Secured Lending and Default Risk: Equilibrium Analysis, Policy Implications and Empirical Results", *The Economic Journal*, 1991, 101 (3): 458 – 472.

[44] Boot, A. W. A., Thakor, A. V., "Moral Hazard and Secued Lending in an Infinitely Repeated Market Game", *International Economic Review*, 1994, 35 (4): 899 – 920.

[45] Brennan, M., Schwartz, E., "Determinants of GNMA Mortgage Prices", *Journal of the American Real Estate and Urban Economics Association*, 1985 (13): 209 – 228.

[46] Brueckner, J. K., "Mortgage Default with Asymmetric Information", *Journal of Real Estate Finance and Economics*, 2000, 20 (3): 251 – 274.

[47] Bruno, Jean – Bernard Kirsten, "Patent as collateral", *Journal of Economic Dynamics and Control*, 2010 (34): 1092 – 1104.

[48] Chan, Y. S., Kanatas, G., "Asymmetric Valuation and the Role of Collateral in Loan Agreements", *Journal of Money*, *Credit*

and Banking, 1985, 17 (1): 84 -95.

[49] Dimasi, J., Hansen, R., Lasagna, L., "Cost of Innovation in the Pharmaceutical Industry", *J. Health Econ.*, 1991 (10): 107 -142.

[50] Duffie, D., *Dynamic Asset Pricing Theory*, *the Second Edition*, Princeton, NJ: Princeton University Press, 1996.

[51] Dunn, K. B., McConnell, J. J., "A Comparison of Alternative Models for Pricing GNMA Mortgage - Backed Securities", *Journal of Finance*, 1981a (36): 471 -484.

[52] Dunn, K. B., McConnell, J. J., "Valuation of GNMA Mortgage - Backed Securities", *Journal of Finance*, 1981b (36): 599 -616.

[53] Eldor, R., "On the Valuation of Patents as Real Options", *Foerder Institute for Economic Research*, 1982 (9): 57 -68.

[54] En - Der Su, "Using a Decision Tree to Analyze Mortgage Borrower Decision Behavior and Values Concering Interest Rates and House Price", *Managerial and Decision Economics*, 2010 (31): 557 -566.

[55] Ernst, H., Legler, S., Lichtenthaler, U., "Determinants of Patent Value: Insights from a Simulation Analysis", *Technological Forecasting & Social Change*, 2010 (77): 1 -19.

[56] Erutu, C., Richelle, Y., "Optimal Licensing Contracts and the Value of a Patent", *Journal of Economics and Management Strategy*, 2007, 16 (2): 407 -436.

[57] Eschenbach, T. G., Lewis, N. A., H. artman, J. C., "Technical Note: Waiting Cost Models for Real Options", The Engineering Economist, 2009 (54): 1 -21.

[58] Farrell, J., Shapiro, C., "How Strong are Weak Patents?" *American Economic Review*, 2008, 98 (4): 1347 -1369.

[59] Finderly, M. C., Capozza, D., "The Variable Rate Mortgage: An Option Theory Approaeh", *Journal of Money*, *Credit and Banking*, 1977, 9 (2): 356 -364.

[60] Foster, C., Order, R., "An Option Based Model of Mortgage Default", *Housing Finance Review*, 1984 (4): 351 - 372.

[61] Frank, J., "Intellectual Property as Collateral", *The Secured Lender*, 2009, 65 (8): 24 - 26.

[62] Garlappi, L., "Risk Premium and Preemption in R&D Ventures", *Journal of Financial and Quantitative Analysis*, 2004, 39 (4): 845 - 871.

[63] Girotra, K., Terwiesch, C., Ulrich, K. T., "Valuing R&D Projects in A Portfolio: Evidence from the Phamaceutical Industry", *Manag*, *Sci.*, 2007 (53): 1452 - 1466.

[64] Hall, B. H., Jaffe, A., Trajtenberg, M., "Market Value and Patent Citations", *RAND J. Econ.*, 2005 (36): 16 - 38.

[65] Han L., Fraser S. and Storey D., "The Role of Collateral in Entrepreneurial Finance", *Journal of Business Finance and Accounting*, 2009 (36): 424 - 455.

[66] Han, H . J., Chan, C. S., "A Study on Estimating Investment Timing of Real Options", *The Engineering Economist*, 2008 (53): 197 - 229.

[67] Harabi, N., "Appropriability of Technical Innovations: An Empirical Analysis", *Res. Policy*, 1995 (24): 981 - 992.

[68] Harhoff, D., Reitzig, M., "Determinants of Opposition Against EPO Patent Grants—the Case of Biotechnology and Pharmaceuticals", *Int. J. Ind. Organ*, 2004 (22): 443 - 480.

[69] Harhoff, D., "The Role of Patents and Licenses in Securing External Finance for Innovation", In *R&D and the financing of innovation in Europe*, EIB Papers, 2009, 14 (2): 74 - 97.

[70] Harris, M., Raviv, A., "Optimal Incentive Contracts with Imperfect Information", *Journal of Economic Theory*, 1979 (20): 231 - 259.

[71] Inders, R., Mueller, H. M., "A Lender - based Theory of Collat-

eral", *Journal of Financial Economics*, 2007 (84): 826 -859.

[72] Jaffee, D. M. , Rusell, T. , "The Imperfect Information, Uncertainty and Credit Rationing: A Reply", *The Quarterly Journal of Economics*, 1984, 99 (4): 869 -872.

[73] Jaffee, D. M. , Rusell, T. , "The Imperfect Information, Uncertainty and Credit Rationing", *The Quarterly Journal of Economics*, 1976, 90 (4): 651 -666.

[74] Kariya, T. , Ushiyama, F. , Pliska, S. R. , A 3 - factor Valuation Model for Mortgage - backed Securities, *Working Paper*, Kyoto University, 2002.

[75] Kau, J. B. , D. C. Keenan, T. Kim, " Default Probabilities for Mortgages", *Journal of Urban Economics*, 1994.

[76] Kau, J. B. , D. C. Keenan, T. Kim, "Transaction Costs, Suboptimal Termination and Default Probabilities", *Journal of the American Real Estate and Urban Economics Association*, 1993, 21 (3): 247 -263.

[77] Kau, J. B. , D. C. Keenan, W. J. Muller, J. F. Epperson, "Option Theory and Floating Rate Securities with a Comparison of Adjustable and Fixed Rate Mortgages", 1993.

[78] Kau, J. B. , D. C. Keenan, W. J. Muller, J. F. Epperson, "The Valuation and Analysis of Adjustable Rate Mortgages", *Management Science*, 1990 (36): 1417 -31.

[79] Kau, J. B. , D. C. Keenan, W. J. Muller, J. F. Epperson. , " A Generalized Valuation Model for Fixed - rate Residential Mortgages", *Journal of Money, Credit and Banking*, 1992 (24): 279 -299.

[80] Kau, J. B. , D. C. Keenan, W. J. Muller, J. F. Epperson, "The Valuation and Securitization of Commercial and Multifamily Mortgages", *Journal of Banking and Finance*, 1987 (11): 525 -546.

[81] Kau, J. B. , Kim, T. , Waiting to Default: The Value of Delay,

Working Paper, University of Georgia, 1992.

[82] Koziol, C., "Do Good or Bad Borrowers Pledge More Collateral?" *International Journal of Managerial Finance*, 2007, 3 (2): 132 - 163.

[83] Leland, H. E., Pyle, D. H., "Informational Asymmetries, Financial Structure, and Financial Intermediation", *Journal of Finance*, 1977 (32): 371 - 387.

[84] Lemley, M. A., "Rational Ignorance at the Patent Office", *North - western University Law Review*, 2001, 95 (4): 1497 - 532.

[85] Lensink, R., Sterken, E., "The Option to Wait to Invest and Equilibrium Credit Rationing", *Journal of Money, Credit and Banking*, 2002, 34 (1): 221 - 225.

[86] Lint, O., Pennings, E., "An Option Approach to the New Product Development Process: A Case Study at Philips Electronics", *R&D Management*, 2001 (31): 163 - 172.

[87] Loch, C. H., Bode Grenel, K., "Evaluating Growth Options as Sources of Value for Pharmaceutical Research Projects", R&D Management, 2001, 31 (2): 231 - 248.

[88] Longstaff, F. A., Schwartz, E. S., "Valuing American Options by Simulation: A Simple Least - Squares Approach", *The Revies of Financial Studies Spring*, 2001, 14 (1): 113 - 147.

[89] Loumioti, M., "The Use of Intangible Assets as Loan Collateral", *American Accounting Association Annual Meeting Paper*, SSRN: http: //ssrn. com/abstract = 1748675, 2011.

[90] Marco, A. C., "The Option Value of Patent Litigation: Theory and Evidence", *Review of Financial Economics*, 2005 (14): 321 - 351.

[91] Martin, A., "A Model of Collateral, Investment, and Adverse Selection", *Journal of Economic Theory*, 2009 (144): 1572 - 1588.

[92] Milde, H., Riley, J. G., "Signaling in Credit Markets", *Quarterly Journal of Economics*, 1988 (102): 101 - 129.

[93] Minggao, X. , Lili, S. , "Licensing to a Durable - good Duopoly in Patent Litigation", *Economic Modelling*, 2011 (28): 1186 - 1194.

[94] Myers, M. , "Determinants of Corporate Borrowing", *Journal of Financial Economics*, 1977, 5 (2): 254 - 277.

[95] Myers, M. , "Qualitative Research in Information Systems", *MIS Quarterly*, 1997, 21 (2) .

[96] Neus, W. , Stadler, M. , "Risk and the Role of Collateral in Debt Renegotiation", Working Paper of University of Tübingen, SSRN: http: //ssrn. com/abstract = 1544248, 2011.

[97] Niinimäki, J. P. , "Does Collateral Fuel Moral Hazard in Hanking?" *Journal of Banking & Finance*, 2009 (33): 514 - 521.

[98] Niinirnaki, J. P. , "Nominal and True Cost of Loan Collateral", *Journal of Banking & Finance*, 2011, 35 (10): 2782 - 2790.

[99] Pakes, A. , "Patent as Options: Some Estimates of the Value of Holding European Patent Stocks", *Econometrica*, 1986 (54): 755 - 784.

[100] Parr, R. L. , GV. Smith, "Quantitative Methods of Valuing Intelle Ctual Property", In M. Simensky and L. G. Bryel, *The New Role of Intellectual Property in Commereial Transaetions.* New York, 1994: 39 - 68.

[101] Philipp N. Baecker, "Real Options and Intellectual Property", *Journal of Political Economy*, 2007 (80): 641 - 654.

[102] Pitkethly, R. , "The Valuation of Intellectual Property", *Templeton College Working Papers*, 1993: 28 - 35.

[103] Poddar, S. , "Strategic Choice in Durable Goods Market when Firms Move Simultaneously", *Research in Economics*, 2004 (58), 175 - 186.

[104] Posey, L. L. , Yavas, A. , "Adjustable and Fixed Rate Mortgages as a Screening Mechanism for Default Risk", *Journal of Urban Economics*, 2001 (49): 54 - 79.

[105] Puterman, M., *Markov Decision Process*, New York, NY: John Wiley & Sons, Inc., 1994.

[106] Quigley, J. M., Van Order, R., America: University of California, 1992.

[107] Riddiough, T. J., Thompson, H. E., "Commercial Mortgage Pricing with Unobservable Borrower Default Costs", *Journal of the American Real Estate and Urban Economics Association*, 1993 (3): 265 - 291.

[108] Rothaermel, F. T., Deeds, D. L., "Exploration and Exploitation Alliances in Biotechnology: A System of New Product Development", *Strateg*, *Manage. J.*, 2004 (25): 201 - 221.

[109] Rothschild, M., Stiglitz J., "Equilibrium in Competitive Insurance Markets: An Essay on the Economics of Imperfect Information", *Quarterly Journal of Economics*, 1976, 90 (4): 629 - 649.

[110] Santiago, L., Vakili, P., "On the Value of Flexibility in R&D Projects", *Management Science*, 2005, 51 (8): 1206 - 1218.

[111] Schreft, L., Villamil, P., "Credit Rationing by Loan Size in Commercial Loan Markets", *Economic Review*, 1992, 78 (3): 3 - 8.

[112] Schwartz, E. S., "Patents and R&D as Real Options", *Economic Notes*, 2004, 33 (1): 23 - 54.

[113] Sharp, N., Newton, D., Duck, P., "An Improved Fixed - Rate Mortgage Valuation Methodology with Interacting Prepayment and Default Options", *Journal of Real Estate Finance Economics*, 2008 (36): 307 - 342.

[114] Spence, M., "Job Market Signaling", *Quarterly Journal of Economics*, 1973 (87): 355 - 374.

[115] Steijvers, Voordeckers, "Collateral and Credit Rationing: A Review of Recent Emptical Studies as A Guide for Future Research", *Journal of Economic Surveys*, 2009, 23 (5): 924 - 946.

[116] Stiglitz, J. , Weiss, A. , "Asymmetric Information in Credit Markets and Its Implications for Macro – Economics", *Oxford Economics Papers*, 1992 (44): 694 – 727.

[117] Stiglitz, J. , Weiss, A. , "Credit Rationing and Collateral", in Edwards J. , Franks J. , Mayer C. , Schaefer S. (eds.), *Recent Developments in Corporate Finance*, Cambridge University Press, 1986.

[118] Stiglitz, J. , Weiss, A. , "Credit Rationing in Markets with Imperfect Information", *The American Economic Review*, 1981, 71 (3): 393 – 410.

[119] Takalo, T. and Kanniainen, V. Do Patents Slow down Technological Progress?, Real Options in Research, Patenting, and Market Introduction, Intemational Journal of Industrial Organiztion, 2000, 18 (7): 1105 – 1127.

[120] Templeton, W. , Main, R. , Orris, J. B. , "A Simulation Approach to the Choice between Fixed and Adjustable Rate Mortgages", *Financial Services Revies*, 1996, 5 (2): 101 – 117.

[121] Thakor, A. V. , "Game Theory in Finance", *Financial Management*, 1991 (21): 71 – 94.

[122] Titman, S. , Torous, W. , "Valuing Commercial Mortgages: An Empirical Investigation of the Contingent Claims Approach to Pricing Risky Debt", *Journal of Finance*, 1989 (44): 345 – 373.

[123] Triest, S. V. , Vis, W. , "Valuing Patent on Cost – reducing Technology: A Case Study", *International Journal of Production Economics*, 2006 (105): 282 – 292.

[124] Voordeckers, W. , Steijvers, T. , "Business Collateral and Personal Commitments in SME Lending", *Journal of Banking and Finance*, 2006 (30): 3067 – 3086.

[125] Wang, Y. L. , "Does Collateral Cause Inefficient Resource Allocation?" *Journal of Economics and Business*, 2010 (62): 220 – 233.

[126] Williamson, S. , "Costly Monitoring, Loan Contracts and Equilibrium Credit Rationing", *The Quarterly Journal of Economics*, 1987, 102 (1): 135 - 145.

[127] Winsen, J. K. , "An Overview of Project Finance Binomial Loan Valuation", *Review of Financial Economics*, 2010 (19): 84 - 89.

[128] Ziedonis, A. A. , "Real Option in Technology Licensing", *Management Science*, 2007, 53 (10): 1618 - 1633.